Privat: Zwischen Überwachung und Profit

Florian Coulmas

Privat: Zwischen Überwachung und Profit

Florian Coulmas
Universität Duisburg-Essen
Duisburg, Deutschland

ISBN 978-3-658-46798-2   ISBN 978-3-658-46799-9 (eBook)
https://doi.org/10.1007/978-3-658-46799-9

Die Deutsche Nationalbibliothek verzeichnet diese Publikation in der Deutschen Nationalbibliografie; detaillierte bibliografische Daten sind im Internet über https://portal.dnb.de abrufbar.

© Der/die Herausgeber bzw. der/die Autor(en), exklusiv lizenziert an Springer Fachmedien Wiesbaden GmbH, ein Teil von Springer Nature 2025

Das Werk einschließlich aller seiner Teile ist urheberrechtlich geschützt. Jede Verwertung, die nicht ausdrücklich vom Urheberrechtsgesetz zugelassen ist, bedarf der vorherigen Zustimmung des Verlags. Das gilt insbesondere für Vervielfältigungen, Bearbeitungen, Übersetzungen, Mikroverfilmungen und die Einspeicherung und Verarbeitung in elektronischen Systemen.
Die Wiedergabe von allgemein beschreibenden Bezeichnungen, Marken, Unternehmensnamen etc. in diesem Werk bedeutet nicht, dass diese frei durch jede Person benutzt werden dürfen. Die Berechtigung zur Benutzung unterliegt, auch ohne gesonderten Hinweis hierzu, den Regeln des Markenrechts. Die Rechte des/der jeweiligen Zeicheninhaber*in sind zu beachten.
Der Verlag, die Autor*innen und die Herausgeber*innen gehen davon aus, dass die Angaben und Informationen in diesem Werk zum Zeitpunkt der Veröffentlichung vollständig und korrekt sind. Weder der Verlag noch die Autor*innen oder die Herausgeber*innen übernehmen, ausdrücklich oder implizit, Gewähr für den Inhalt des Werkes, etwaige Fehler oder Äußerungen. Der Verlag bleibt im Hinblick auf geografische Zuordnungen und Gebietsbezeichnungen in veröffentlichten Karten und Institutionsadressen neutral.

Einbandabbildung: © boyhey/Generated with AI/Stock.adobe.com

Planung/Lektorat: Cori Antonia Mackrodt
Springer VS ist ein Imprint der eingetragenen Gesellschaft Springer Fachmedien Wiesbaden GmbH und ist ein Teil von Springer Nature.
Die Anschrift der Gesellschaft ist: Abraham-Lincoln-Str. 46, 65189 Wiesbaden, Germany

Wenn Sie dieses Produkt entsorgen, geben Sie das Papier bitte zum Recycling.

Inhaltsverzeichnis

1	Anlass	1
2	Geschichte	11
3	Kultur	33
4	Gesellschaft	59
5	Politik und Recht	89
6	Privat: Licht und Schatten	123
	Literatur	145
	Stichwortverzeichnis	159

1

Anlass

„In einer Zeit, in der persönliche Daten der Treibstoff der Informationswirtschaft sind, kann Privatsphäre niemals ein ‚Non-Thema' sein."

Perri 6.

Der Schutz Ihrer Privatsphäre liegt uns am Herzen

„Ihre Privatsphäre ist uns wichtig", heißt es für alle, die sich im Internet bewegen, jeden Tag aufs Neue. Dass Wiederholungen Lügen nicht wahr machen und dass an Kunden gerichtete Kommunikation profitorientierter Betriebe stets interessenbedingt ist (Kaelin 2019), bzw. dass Lügen ein Teil der kapitalistischen Wirtschaftsordnung sind (Steel 1998; Arbel et al. 2014), braucht kaum hervorgehoben zu werden. Die Häufigkeit solcher Beteuerungen führt dennoch zu der Frage, was sie eigentlich bedeuten. Ohne zu verstehen, was „privat" bedeutet, wird es schwierig sein, sie zu beantworten. Wenn wir uns diesem Problem zuwenden, begeben wir uns freilich in einen Dschungel, von dessen Dichte die folgenden beiden Absätze nur eine schwache Vorahnung vermitteln.

> **Werbefrei weiterlesen**
>
> Privat, Privatheit, Privatsphäre, Privatier, Privatist, Privateigentum (Abb. 1.1), Privatinitiative, Privatperson, Privatschule, Privatdetektiv, Privatrecht, Privatklage, Privatdozent, Privatwohnung, Privatbahn, Privatweg, Privatfirma, Privatinsolvenz, Privatjet, Privatbank, Privatbüro, Privatarzt, Privatkonto, Privatfoto, Privatbibliothek, Privatadresse, Privatbesuch, Privatgespräch, Privatsprache, Privatkunden, Privatarmee, Privatgefängnis, Privatparkplatz, Privatismus, privatisieren, privatwirtschaftlich, privatversichert, private Haftung, etc.

Abb. 1.1 Grundstück in Grosseto. Foto: Florian Coulmas

Hat *Privileg* etwas mit privat zu tun? Warum bezeichnet *Private* in Großbritannien und anderen anglofonen Ländern den niedrigsten militärischen Rang? Hält man „Privatpersonen" in Griechenland für so vernagelt, dass sie auf Griechisch *idiótis* heißen? Gibt es in Japan keine „Privatheit", dass man auf das englischen Lehnwort *puraibashī* angewiesen ist, wenn man darüber sprechen will? Analog in kiswahilisprachigen Regionen Ostafrikas, wo privat *privat* heißt, ebenfalls ein englisches Lehnwort; oder indonesisch *pribadi* und philippinisch (Filipino) *pribado*, aus dem Spanischen? Wieso bedeutet französisch *être privé de quelque chose* „etwas entbehren, vermissen"?

Alle akzeptieren

In diesem Buch gehe ich davon aus, dass es sinnvoll ist, nach Korrelationen zwischen aktuellem Ideengut, wie es sprachlich zum Ausdruck gebracht wird, und gesellschaftlichen Prozessen und Strukturen zu fragen. Neue Wörter entstehen nicht zufällig, und ebenso wenig zufällig ist ihre variable Verwendungshäufigkeit und schleichende oder plötzliche Bedeutungsveränderung.

Auswahl bestätigen

Also „privat". Dass zwischen den Bedeutungen der im ersten obigen Absatz aufgelisteten Wörter Zusammenhänge bestehen, würde niemand bestreiten, aber aus ihnen einen gemeinsamen Bedeutungskern herauszudestillieren, ist eine Herausforderung. Was z. B. hat ein Privatgespräch mit einer Privatarmee, was ein Privatdozent mit einem Privatkunden zu tun? Zu zeigen, wie sich die Bedeutungen der Wörter des ersten Absatzes zu denen der offenkundig verwandten Wörter anderer Sprachen im zweiten Absatz verhalten, ist noch schwieriger; denn die historisch-kulturellen, gesellschaftlichen und rechtlichen Kontexte, in denen sie verwendet werden, haben Einfluss auf ihre Bedeutung. Begriffsanalyse ist eine bewährte gesellschaftswissenschaftliche und wissenssoziologische Methode, denn wir müssen uns vergewissern, worüber wir reden. In Zeiten rascher und tiefgreifender Veränderungen, durch die gesellschaftliche Beziehungen neu konfiguriert werden, ist sie besonders wichtig. Unsere Gesellschaft, ja, jede Gesellschaft, wird durch Gespräche, besser: kommunikativen Austausch, zusammengehalten, in der Familie, am Arbeitslatz, auf öffentlichen Kundgebungen und, jeden Tag mehr, in den sozialen Medien. Nicht nur das; Gesellschaft wird durch Gespräche konstituiert. Wie die wenigen Beispiele schon erkennen lassen, ist das lexikalische Geflecht, das sich um „privat" rankt, ziemlich komplex, was auf die Wichtigkeit des Begriffs in der heutigen Gesellschaft hindeutet. Das war nicht immer so, jedenfalls für alle, die wie Norbert Elias (1939) Gesellschaft nicht als ein gegebenes System, das seine eigene Entwicklung steuert, verstehen, sondern als einen andauernden

Prozess, der auch externen Einflüssen offen ist. Das Gleiche gilt für Sprache. Jedes Individuum wird in eine gesellschaftliche und eine sprachliche Umgebung hineingeboren und beteiligt sich dann im Laufe seines Lebens gemeinsam mit anderen Mitgliedern der Sprachgemeinschaft an der steten Konfigurierung und Rekonfigurierung von Gesellschaft und Sprache. Jede Sprache ist wie jede Gesellschaft ein kollektives Produkt, das alle Beteiligten gemeinsam und niemand allein den Kommunikationsbedürfnissen und anderen sich wandelnden Bedingungen anpassen. Das ist der Grund, weshalb es, wie Wittgenstein (1963) im Detail begründet hat, eine Privatsprache nicht geben kann. Jede sprachliche und gesellschaftliche Veränderung wird zu einer solchen nur, wenn sie von dem Kollektiv getragen wird. Die Verdinglichung der Sprachen – das ist Französisch, das Italienisch, das Deutsch, das Niederländisch – wie sie uns von Kindheit an in Form von Fibeln, Wörterbüchern, Grammatiken und auf den Bildschirmen unserer Smartphones entgegentritt, lenkt in beiden Fällen vom Prozesscharakter ab und damit auch von der semantischen Variabilität.

accepter et continuer

Wie Niklas Luhmann (1980, S. 158) beobachtete, setzte sich im 18. Jahrhundert ein neuer Begriff des „Bürgers" durch, der sich anders als der Untertan des vormodernen Feudalstaats als Individuum in Bezug auf Bedürfnisse und Arbeitsvorgänge im gesellschaftlichen System verstand. Für den gleichen Zeitraum diagnostizierte und analysierte Jürgen Habermas (1990) einen „Strukturwandel der Öffentlichkeit", der mit der Alphabetisierung Europas und den sich daraus ergebenden Veränderungen kommunikativer Praxis einherging. Mit Benedict Anderson (1983) kann dieser Wandel auch als Aufkommen des „Druckkapitalismus" beschrieben werden. Mit der Druckerpresse hergestellte Bücher und andere Druckerzeugnisse waren die ersten industriellen Massenprodukte, deren Verbreitung zur Vereinheitlichung von Sprachen und der Etablierung eines kapitalistischen Markts beitrug. Diese drei sehr unterschiedlichen aber gleichermaßen einflussreichen Darstellungen sollen an dieser Stelle nicht weiter diskutiert, sondern nur erwähnt werden, um auf die Vielschichtigkeit gesellschaftlichen Wandels hinzuweisen, der durch Veränderungen der Kommunikationstechnologie (mit-)bewirkt wird und sich seinerseits auf Kommunikationsverhalten und -technologie auswirkt.

1 Anlass

accept and proceed

Vor diesem Hintergrund müssen wir heute versuchen, die Veränderungen zu begreifen, die mit der weiter voranschreitenden Digitalisierung einhergehen. Sie betreffen nicht nur, aber sehr wesentlich die Transformation der Privatsphäre, wie wir sie kannten, bevor der virtuelle Raum zu einer Verhaltensdomäne wurde, die (beinah) allen offensteht. Eine Welt ohne diese Domäne kann sich inzwischen schon eine ganze Generation nicht mehr vorstellen, da sie mit und in derselben aufgewachsen ist. Mensch-Maschine-Kommunikation ist für sie etwas anderes als für ältere Generationen, wie sie sich auch zum Auftreten nur noch schwer oder gar nicht mehr von Menschen zu unterscheidender Bots im virtuellen Raum anders verhalten als jene. Die damit verbundenen Veränderungen, soweit sie Privatheit betreffen, sind der Gegenstand dieses Buches. Außer dieser Einleitung und einem kurzen Schluss besteht es aus vier Hauptteilen, die Privatheit aus historischer, kulturanthropologischer, sozioökonomischer und politisch-rechtlicher Sicht betrachten. Das geschieht, überflüssig zu sagen, ohne den geringsten Anspruch auf Vollständigkeit. Ein solcher wäre anmaßend. Die vier Perspektiven sind illustrativ und sollen dazu beitragen, die Komplexität des Wandels, den wir erleben, zu reflektieren.

accetta

Das hier vorliegende einführende Kapitel befasst sich mit dem gerade erwähnten Anlass für dieses Buch, nämlich der im Vergleich mit vor nur drei Jahrzehnten auffallend angestiegenen Thematisierung von Privatheit im öffentlichen Diskurs. Zum Beispiel: Die Suchmaschine bot mir zum Zeitpunkt der Niederschrift dieser Zeilen für das Stichwort „privat" 644 Mio. Ergebnisse in 0,35 s an; mehr als viermal so viele wie für „öffentlich". In vielen Lebensbereichen, von Intimität und Familie, Freundschaft und Gemeinschaft, Bildung und Erziehung, Wirtschaft und Beruf, Politik und Verwaltung, um nur die wichtigsten zu nennen, sind der Schutz der Privatsphäre, die Frage, was sie eigentlich beinhaltet, und wie sich Unternehmen und staatliche Institutionen dazu verhalten, Themen, die viele beschäftigen. Die verschiedenen Perspektiven – ein historischer Rückblick auf die Entstehung und Entwicklung des Begriffs, ein kultureller Vergleich, eine kritische Darstellung der gesellschaftlichen Bedeutung von Privatheit heute und eine Diskussion ihrer politischen und rechtlichen Dimensionen – sollen dazu beitragen zu verstehen, warum Privatheit Anlass zu Kontroversen gibt und um welche bzw. wessen Interessen es dabei geht.

> **accepteren en doorgaan**
> Eine erste grobe Unterscheidung, die in der Bedeutung des Begriffs der Privatheit gewöhnlich gemacht wird, ist die zwischen Recht und Freiheit.

Recht Die Privatsphäre ist ein Recht, und zwar ein hochrangiges Recht, das im Prinzip für alle gilt, obwohl es Ausnahmen gibt, auf die wir zu sprechen kommen werden. „Hochrangig" heißt im gegebenen Fall, dass etwa in Deutschland dieses Recht im Rahmen des Persönlichkeitsrechts durch das Grundgesetz (Art. 1, Abs. 1; Art. 2, Abs. 1 GG) geschützt ist (s. Kap. 5). Andere, Einzelpersonen, Wirtschaftsunternehmen und der Staat dürfen nicht ohne meine Kenntnis und Zustimmung in meine Privatsphäre eindringen. Dazu gehört auch meine persönliche Korrespondenz im weitesten Sinne.

Freiheit In meiner Privatsphäre kann ich tun und lassen, was sich will – insoweit ich nicht die Rechte anderer verletze, die auch in meiner Privatsphäre gelten. Darüber hinaus: meiner privaten Meinung kann ich auf der Grundlage der Meinungs- und Pressefreiheit nach eigenem Gutdünken Ausdruck geben. In alltagssprachlicher Bedeutung wird Privatsphäre dahingehend verstanden, dass keine nicht öffentlich zugänglichen Informationen über eine Person bekannt gemacht oder von anderen verwendet werden dürfen. Dazu gehören u. a. Informationen über Gesundheit, Größe, Gewicht, Einkommen, Vermögen, sexuelle Orientierung, Religion, und politische Einstellung. Auch das eigene Aussehen gehört zur Privatsphäre und darf deshalb nicht ohne Zustimmung, z. B. mit Fotos in Massenmedien oder Sozialen Medien, verbreitet werden.

> **Um Ihre Privatsphäre zu schützen, wurden externe Bilder blockiert.**
> Dass wir auch im öffentlichen Raum Persönlichkeitsrechte haben und dass wir auch im privaten Raum geltende Gesetze befolgen müssen, deutet darauf hin, dass die Unterscheidung öffentlich/privat nicht selbstverständlich ist, sondern von bzw. in jeder Gesellschaft immer wieder ausgehandelt wer-

den muss und deshalb nicht überall gleich ist. Es geht dabei auch um das Abwägen von privaten Interessen und öffentlichem Wohl. Der Weg zu einer Balance zwischen beiden ist, wenn wir uns die Welt, wie sie heute ist, anschauen, nicht von der Natur, der Vorsehung oder dem jahrhundertealten Westlichen Führungsanspruch eindeutig vorgezeichnet. Markante diesbezügliche Unterschiede innerhalb der Westlichen Welt kommen z. B. zum Ausdruck, wenn man sich das Recht auf privaten Schusswaffenbesitz betrachtet und die zumindest zum Teil daraus resultierenden Tötungsdelikte (Tab. 1.1).

Tab. 1.1 Tötungsdelikte in ausgewählten Ländern

Opfer vorsätzlicher Tötung pro 100.000 Einwohner und Jahr	
BRD	0,8
Niederlande	0,6
Italien	0,5
Argentinien	5,3
Brasilien	22,5
USA	6,4
China	0,5
Indonesien	0,4
Japan	0,3

Quelle: United Nations Office on Drugs and Crime (https://www.unodc.org/unodc/en/data-and-analysis/global-study-on-homicide.html)

Vergleichen wir das Land, dessen nationales Symbol die Freiheitsstatue ist, mit einem, wo „Recht und Ordnung" besonders hochgehalten werden, stellen wir fest, dass die Tötungsrate in USA achtmal so hoch ist wie in der BRD; und wenn wir noch einen anderen Kulturkreis hinzunehmen, ist sie 21-mal so hoch wie in Japan. Wo liegen d ie Prioritäten? Wie Ideologie und Kultur diesbezüglich zusammenwirken, wird in Kap. 3 besprochen.

aceitar e continuar

Aus moralphilosophischer Perspektive fragte Judith Thomson in den 1970er-Jahren, was ein Recht auf Privatheit bedeuten könnte und wie es zu definieren wäre. Sie kam zu dem Schluss, dass sich ein solches Recht einer eindeutigen Definition, die Bestand haben könnte, entzieht, da ein Recht auf

> Privatheit, unter welchem Gesichtspunkt man es auch betrachtet, nur ein von anderen Rechten abgeleitetes Recht sein kann, wie etwa dem Recht auf körperliche und seelische Unversehrtheit, dem Recht auf exklusive Verfügung über den eigenen Besitz, u. a. Im Zusammenhang mit Kenntnissen, die man über andere Personen haben kann, konstatierte sie: „Wir haben ein Recht, dass bestimmte Schritte, um Fakten zu ermitteln, nicht unternommen werden, und wir haben ein Recht, dass (solche) Fakten auf bestimmte Weise nicht verwendet werden" (Thomson 1975, S. 307). Als Beispiele führte sie Fakten an, die durch Abhören, Ausspionieren, etc. ermittelt wurden. – Sie sprach von heimlichen Röntgenaufnahmen und Wanzen. Die Kommerzialisierung des Internets und das World Wide Web lagen noch in der Zukunft.

Im Laufe des inzwischen vergangenen halben Jahrhunderts ist die Verwendung personenbezogener Daten so normal geworden, dass viele Menschen das, was Thomson als Verletzung eines moralischen Rechts ansah, nicht mehr als eine solche empfinden. Das ist ein Grund dafür, dass Martha Nussbaum davor warnte, beim Streben nach einer besseren Gesellschaft der Idee von dem geschützten persönlichen Bereich zu viel Vertrauen zu schenken. *Privacy* nannte sie „den unglaubwürdigsten und am meisten desavouierten aller Begriffe" (Nussbaum 2000). Ihre Überlegungen sind kontrovers, bezüglich der Güterabwägung von persönlicher Freiheit und sozialer Sicherheit, Schutz und Bevormundung aber nach wie vor relevant und das sicher beim Streben nach einer besseren Gesellschaft, wie sich in Kap. 4 zeigen wird.

> **statistic cookies help website owners**
> Einstweilen wird die Glaubwürdigkeit des Begriffs der Privatheit durch die noch stets voranschreitende Entwicklung von Überwachungstechnologien weiter untergraben, freilich nicht ohne dass sich dagegen Widerstand regt. In einem Interview des Guardian zehn Jahre nach seinen Enthüllungen über die teils illegale Überwachung durch die US National Security Agency bekannte Edward Snowden, er sei deprimiert über die Eingriffe in die Privatsphäre sowohl in der physischen als auch in der digitalen Welt, denn die Technologie sei so enorm einflussreich geworden. „Wenn wir an das denken, was wir 2013 sahen und an die Fähigkeiten, die Regierungen heute haben, nimmt sich 2013 wie ein Kinderspiel aus. [...] Wir vertrauten darauf,

> dass die Regierung uns nicht betrügen würde. Aber sie tat es. Und das wird wieder geschehen, denn das ist die Natur der Macht" (The Guardian 2023).[1]

Ein sehr pessimistisches Verständnis von Macht, gewiss, das vermutlich durch persönliche Erfahrungen wie auch dadurch gefördert wurde, dass viele Gesetzgeber, namentlich in der Westlichen Welt, der technologischen Entwicklung lange zusahen, ohne die dadurch geschaffenen sozioökonomischen Domänen und ermöglichten Handlungsweisen als neuen regulierungsbedürftigen Rechtsbereich zu erkennen bzw. zu behandeln. Wie sich das im Laufe der letzten beiden Jahrzehnte verändert hat und gegenwärtig weiter ändert, werden wir in Kap. 5 näher in Augenschein nehmen. Das Spannungsverhältnis zwischen der globalen Ausdehnung der Speicherung, des Handels und der Bearbeitung und Manipulation von Daten einerseits und der meist national begrenzten Reichweite von Rechtsnormen andererseits spielt dabei eine wichtige Rolle.

Durch Betätigen des Buttons „Alles akzeptieren" stimmen Sie der obigen Verarbeitung zu.

Mit Bußgeldern bestrafte unzulässige Verwendung privater Daten sind ein Index der Bedeutung und der Geschwindigkeit der sich vollziehenden Veränderungen, was ein Blick auf die Europäische Datenschutz-Grundverordnung (DSGVO) illustrieren mag. Seit sie am 25. Mai 2018 in Kraft getreten ist, haben die auf ihrer Grundlage Firmen und Organisationen auferlegten Bußgelder eine Dimension von hunderten Millionen Euro angenommen. Manche Entscheidungen erregen viel Aufsehen wie das im Mai 2023 von der irischen Datenschutz-Kommission wegen Datentransfers europäischer Benutzer in die Vereinigten Staaten gegen Meta verhängte Bußgeld von 1,2 Mrd. € (s.u. Kap. 5, Tab. 5.1). Auffällig obschon kaum überraschend ist, die Konzentration der Firmen, die sich weigern, neue Gesetze, insbesondere solche außerhalb der USA, zu respektieren. Von den zwanzig höchsten DSGVO-Bußgeldern trafen 7 Meta oder Meta-eigene Firmen. Die amerikanische Gesichtserkennungsfirma Clearview AI Inc., Amazon und Google waren andere große Namen von Unternehmen, die persönliche Daten nach eigenem Gutdünken unter Missachtung geltender Gesetze verwendeten (Haufe Online Redaktion 2023; McCarthy 2023; s.u. Kap. 5).

---

[1] https://www.theguardian.com/us-news/2023/jun/08/no-regrets-says-edward-snowden-after-10-years-in-exile.

Datenschutz ist zu einem großen Thema geworden, und wohl der wichtigste Grund dafür ist die Transformation des Kommunikationsverhaltens durch die weltweite Verbreitung digitaler Technologien. Hinzukommen die große Bedeutung der autonomen Person und ihrer Privatsphäre, die in Europa seit der Aufklärung zum Herzstück der Beziehung von Individuum, Gesellschaft und Staat geworden ist, von dem sich endgültig zu verabschieden, die Bereitschaft allem Anschein nach noch nicht überall Fuß gefasst hat.

Elizabeth Warren, US-Senatorin beschreibt ein Kernproblem des von Shoshana Zuboff (2019) so genannten „Überwachungskapitalismus" (s. Kap. 4) mit einfachen Worten:

> Die heutigen Big-Tech-Firmen haben zu viel Macht – zu viel Macht über unsere Wirtshaft, unsere Gesellschaft und unsere Demokratie. Sie haben die Konkurrenz plattgewalzt, unsere privaten Informationen für Profit benutzt und den Wettbewerb zu Ungunsten aller anderen verschoben. Und dabei haben sie kleinen Unternehmen geschadet und Innovation erstickt (Warren 2019).

Keine repräsentative Stimme Amerikas, dafür steht Warren zu weit links. Sie sei hier aber zitiert, um darauf hinzuweisen, dass die Entwicklung auch in dem Land von manchen mit Sorge betrachtet wird, von dem sie ausging. Es gibt weitere Probleme, aber im gegebenen Zusammenhang ist die Kommerzialisierung privater Daten zu Gunsten einer winzigen neuen wirtschaftlichen Elite der springende Punkt.

Cookies löschen

2

Geschichte

Privatsphäre, Privatperson und Privateigentum sind Kernelemente unserer Gesellschaftsordnung, die wegzudenken schwerfällt. Auch dass es die Vorstellung von einer abgeschiedenen häuslichen Sphäre (οἶκος) im Unterschied zum allgemein zugänglichen Bereich (αγορά) ebenso wie die des selbstständigen Individuums bereits in der griechischen Antike gab, lässt uns diese Komponenten des gesellschaftlichen Seins für quasinatürlich halten. Beide galten jedoch stets nur für kleine Teile der Bevölkerung des Zusammenlebens. Die Institutionalisierung des Schutzes der Privatsphäre, der persönlichen Freiheit zumindest im Prinzip für jeden, paradigmatisch niedergelegt in der Habeas-Corpus-Akte aus dem späten siebzehnten Jahrhundert, änderte das, zumindest normativ. Ungefähr gleichzeitig entwickelte sich in Europa eine Auffassung von Privateigentum, die nicht nur das Verhältnis der Menschen zueinander verändern, sondern zur Grundlage des Staats werden sollte, und deren Einfluss in dieser Hinsicht bis in die Gegenwart reicht. Der europäische Kolonialismus, ohne den die Moderne nicht zu denken ist, spielte dabei ebenfalls eine wichtige Rolle, obwohl das in staatstheoretischen Diskussionen nicht immer berücksichtigt wird. Diese Veränderungen, bezüglich Privatperson und Privateigentum, wirkten sich auf das Zusammenleben aus und auf das Verhältnis von Staat und Individuum. Um das nachzuzeichnen, gehen wir in diesem Kapitel nicht bis in die Antike zurück, sondern nur ins „Zeitalter der Entdeckungen" an der Schwelle zur Moderne.

Privatperson

In vormodernen europäischen Gesellschaften beruht die Identität der Person, wie Niklas Luhmann (1980, S. 30) erklärt, in starkem Maße auf dem sozialen Stand, in den sie hineingeboren ist, denn solche Gesellschaften

> benutzen Schichtung als primäres Einteilungsprinzip. […] Alle Personen gehören über die Familie, der sie angehören, zu einer und nur zu einer Schicht. Die Personen sind also über die Familien auf die primären Teilsysteme der Gesellschaft verteilt. Sie gehören einer Kaste oder einem Stand an – und nicht den jeweils anderen. Sie können Personen nur sein dadurch, dass sie durch Familie und Stand bestimmt sind; denn nur so – und nicht als „private" Individuen – können sie ordnungsgemäß kommunizieren. Individualität in Anspruch nehmen hieße aus der Ordnung herausfallen. Privatus heißt inordinatus (Luhmann 1980, S. 72).

Wenn diese Beschreibung auch nur annährend zutreffend ist in dem Sinne, dass sie die Lebensläufe und Lebensart eines großen Teils der Bevölkerung im feudalistischen Europa auf angemessene Weise darstellt, wird der historische Charakter der Privatperson unmittelbar deutlich. Sie ist ein Geschöpf der europäischen Moderne, das im Zuge der wirtschaftlichen Erstarkung und Emanzipation des freie Bauern, Kaufleute und

Handwerker umfassenden dritten Standes, der Aufklärung und der Ausdehnung der politischen Teilhabe im Geist des Nationalismus Gestalt annahm. Um dies anzuerkennen, braucht man sich nicht uneingeschränktem Relativismus zu überlassen, sondern sich lediglich zu vergegenwärtigen, dass Wertpostulate historisch, also wandelbar sind. Das gilt für die Hochschätzung der Privatperson ebenso wie für den Bürger, der im 18. Jahrhundert in westeuropäischen Gesellschaften eine neue Rolle zu spielen beginnt und als durch Bedürfnisse und Arbeitsweise mehr als durch den Stand geprägt verstanden wird (Luhmann 1980, S. 158). Reiche (nicht-adlige) Bürger verkörperten eine Art Statusinkonsistenz, denn Wohlstand und Ansehen passten nach normativen Vorstellungen von der sozialen Hierarchie bei ihnen nicht zusammen. Mit dem Aufstieg der Privatperson in der bürgerlichen und dann Industriegesellschaft änderte sich das. Der Privatus bzw. das selbstständige Individuum fiel nicht mehr aus der Ordnung heraus, sondern wurde zu ihrem wichtigsten Repräsentanten; denn an die Stelle der feudalistischen Differenzierung der Stände war das Postulat der Gleichheit aller Individuen getreten.

Zur Autonomie des Individuums gehört, dass es Handel treiben kann, sei es mit seiner Haut, die es zum Markte trägt, sei es mit im Beschlag genommenen Ländereien. In der Moderne wurden sowohl Grund und Boden als auch Arbeitskraft zu Handelswaren. Der Unterschied zwischen beiden und der zwischen Besitzlosen und Besitzenden, ist nie aufgehoben, der besonders im Zuge der Französischen Revolution propagierte Gleichheitsanspruch nie eingelöst worden. Besonders deutlich zeigte sich das im Zusammenhang mit der Abschaffung der Sklaverei bzw. Leibeigenschaft. Schon in dem 1765 erschienenen Band der *Encyclopédie* von Denis Diderot und Jean Le Rond d'Alembert wurde in mehreren Artikeln festgestellt, dass Menschenhandel und Sklaverei gegen das Prinzip der natürlichen Gleichheit aller Menschen verstießen. Im Zuge der Revolution wurde die Sklaverei dann 1794 zwar per Dekret abgeschafft, von Napoleon aber wieder legitimiert und erst 1848 endgültig abgeschafft. Ähnlich inkonsequente Pfade wurden in praktisch allen europäischen Ländern und weit darüber hinaus eingeschlagen. Theoretisch waren Aufhebung und Verbot des Sklavenhandels im ganzen neunzehnten Jahrhundert fast überall Gegenstand von Verfügungen, bilateralen Verträgen und Gesetzen, aber die Praxis blieb bis weit ins zwanzigste Jahrhundert erhalten.[1]

Nach Abschaffung der Sklaverei blieben Eigentum, Rasse und Geschlecht die häufigsten Kriterien von Diskriminierung, die als Erbe der europäischen Feudalreiche in den vorgeblich egalitären Nationalstaaten weiterhin wirksam waren. Das zeigte sich auch im Bezug auf Privatheit, die zwar nach der Französischen Revolution und der Amerikanischen Unabhängigkeit eine größere Rolle zu spielen begann, aber nicht auf egalitäre Weise. In einer literaturkritischen Studie hat z. B. Patricia M. Spacks (2003) gezeigt, dass Privatheit im England des achtzehnten Jahrhunderts als ein Problem eher als eine Errungenschaft betrachtet wurde, nämlich als Strategie, um sich öffentlicher Kontrolle und sozialem Druck zu entziehen. Für Frauen war Privatheit aus dieser Sicht besonders gefährlich, weil sie der Verheimlichung ihrer wahren Gedanken und unkontrollierbaren Fantasien und Ängsten vor Unaufrichtigkeit Vorschub leistete. Mit ihrer Analyse konnte Spacks zeigen, dass Privatheit bereits zu Beginn der Moderne geschlechtsspezifische Ungleichheiten beinhaltete (s. Kap. 4, Abschn. „Wem nützt der Schutz der Privatsphäre?").

Auch die anderen oben erwähnten Kriterien der Diskriminierung hatten Auswirkungen auf Verständnis und Praxis von Privatheit. Die daraus erwachsenden Gegensätze zu regulieren, wurde eine, vielleicht die wichtigste Aufgabe des das Gleichheitspostulat bejahenden Staates. Heute beobachten wir wieder eine Umgestaltung der sozialen Bedeutung und des Selbstverständnisses von Privateigentum und Privatperson, zu der sich der Staat verhalten muss, nicht nur wie im 18. Und 19. Jahrhundert in Europa, sondern überall auf der Welt. Darauf soll in Kap. 4 näher eingegangen werden.

---

[1] Der Völkerbund verabschiedete 1926 eine Konvention zur Abschaffung der Sklaverei, und die Allgemeine Erklärung der Menschenrechte der Generalversammlung der Vereinten Nationen 1948 enthielt einen Artikel, der besagt, dass Sklavenhandel und Sklaverei in all ihren Formen verboten sind.

Privateigentum

Eine tragende Säule der modernen Gesellschaftsordnung, wie sie in weiten Teilen der Welt heute besteht, ist das Privateigentum, inklusive und insbesondere Landeigentum. Aus rechtsphilosophischer Perspektive zeigt Edmund Byrne (2012, S. 455), dass „die meisten natürlichen Ressourcen unseres Planeten inzwischen von wenigen Mächtigen auf Kosten der vielen Machtlosen kontrolliert [werden]." Diese Verteilung, argumentiert er, ist nicht als Verdienst der Mächtigen zu verstehen, sondern als Folge historischer Ungerechtigkeiten, die auf dem Prinzip „Macht schafft Recht" beruhen, also auf Ausbeutung und gesellschaftlicher Verantwortungslosigkeit bezüglich der Aneignung von Rohstoffen und Ländereien. Die Theoretisierung von privatem Landbesitz bzw. die begriffliche Unterscheidung zwischen Besitz – was man hat – und Eigentum – worauf man ein Recht hat – begann im Zuge der weltweiten Expansion Europas seit 1492. Außerhalb Europas hatte das politisch-ökonomische System des Lehnswesens, in dem Ländereien vom Souverän gegen Dienste auf Zeit, oft langfristig, an Vasallen verteilt werden, keine Tradition und keine Grundlage.

In ihrem „Goldenen Zeitalter", als die Niederlande zur weltumspannenden Seemacht aufstiegen, entwickelte der Rechtsgelehrte und politische Philosoph Hugo Grotius (1583–1645) im Zusammenhang mit der Frage, ob Besitzansprüche auf die Meere möglich und legitim seien, grundlegende Thesen zu Eigentum und Privatbesitz. Gütergemeinschaft bzw. Gemeingut hielt er für erstrebenswert, möglich aber nur in kleinen Gemeinschaften, deren Mitglieder einander wohlgesonnen sind. Über die Entwicklung von Eigentumsansprüchen schrieb er:

> Man sieht zugleich, wie die Güter in das Eigentum übergegangen sind. Es geschah nicht durch bloßen Willen. Dann hätten die anderen nicht wissen können, was jeder für sich haben wollte und wessen sie sich zu enthalten hätten. Auch hätte es dann sein können, daß mehrere dieselben Sachen haben wollten. Es geschah vielmehr durch eine Art Vertrag, der entweder ausdrücklich abgeschlossen wurde, indem man teilte, oder den man als geschlossen ansehen muß, indem jeder Besitz [sc. per occupationem] ergriff. Man muß nämlich annehmen, daß in dem Falle, wo die Gemeinschafts-

wirtschaft nicht mehr gefiel, eine ausdrückliche Teilung aber trotzdem nicht stattfand, alle stillschweigend dahin übereinkamen, daß jeder das zu eigen haben sollte, was er in Besitz nahm (Grotius 1950, S. 148 (II, 2 § 2)).

In einfachen Gesellschaften bedurfte es keines Vertrags, um zwischen Besitz und Eigentum zu unterscheiden, aber in der Welt, die Grotius kannte, begnügten sich „[d]ie Menschen nicht mehr, von wilden Früchten zu leben, […] sondern sie verlangten nach einer feineren Lebensweise. Es wurde deshalb die Arbeit nötig, welche der Einzelne auf den einzelnen Gegenstand verwendete. Die Früchte der Arbeit wurden aber nicht [sc. in die Gütergemeinschaft] zusammengebracht" (Grotius 1950, S. 148.). Zudem wurden in Gemeinschaften, die nach einer „feineren Lebensweise" strebten, Besitzansprüche nach dem Prinzip „wer zuerst kommt, mahlt zuerst", als Quasi-Vertrag – dass „alle stillschweigend dahin übereinkamen" – anerkannt und so zur Grundlage der Verrechtlichung des Privateigentums an Grund und Boden (s. Abb. 2.1).

Insbesondere Thomas Hobbes (1588–1679) verknüpfte diese Rechtfertigung privaten Landeigentums mit der Ausbildung des Staates. Ein solcher kann seinem Menschenbild zufolge nur durch Macht bzw. Herrschaft entstehen, denn getrieben wird der Mensch nicht durch Nächstenliebe – wie in Grotius kleinen einfachen Gesellschaften –, sondern durch Selbsterhaltungstrieb, Habgier und Streben nach Anerkennung. Hobbes

Abb. 2.1 Nach langer Geschichte Privatgrund heute. (Foto: Florian Coulmas)

Gedanken zur Staatenbildung werden auch 350 Jahre nach ihrer Formulierung für das Verständnis von dem, was der europäische Staat leistet und leisten soll, herangezogen. Zum Beispiel von dem Philosophen Konrad Paul Liessmann, der in seinem „Lob der Grenze" „den großen Thomas Hobbes" mit seiner Behauptung zitiert, der Krieg aller gegen alle beginne dort, „wo die Bürger aus Angst vor ihren Mitbürgern ihre Eingangstüren und im Haus ihre Kästen verschließen" (Liessemann 2012, S. 37). Sie trauen einander nicht und schließen sich deshalb voneinander ab.

Die aus dieser allseitigen Angst voreinander resultierende Notwendigkeit der Unterwerfung unter einen Souverän, der als Herr und Hüter für die Sicherheit sorgen kann, nach der alle Menschen streben, ist die Grundlage des Staates als eines Vertragswerks, das auch Eigentum an Grund und Boden und, wo es im Interesse des Gemeinwohls unumgänglich ist, Enteignung regelt, was schon Grotius postuliert hatte. Liessemann betont, dass Hobbes von der theoretischen Gleichheit aller Menschen in einem fiktiven Naturzustand ausging. Es ist deshalb überraschend, dass die zentrale Bedeutung der faktischen Ungleichheit der Menschen zu Hobbes Zeit und in den folgenden Jahrhunderten in seinen Überlegungen zu bestehenden und zu ziehenden Grenzen unerwähnt bleibt. Die Modernisierung Europas hätte jedoch ohne die in vormodernen Zeiten bestehende und sich in der Moderne fortsetzende Ungleichheit nicht stattfinden können oder zumindest einen anderen Weg eingeschlagen. Es geht dabei einerseits um die von der ständischen Gesellschaft ererbte Ungleichheit innerhalb Europas und andererseits um die Ungleichheit, die der vom europäischen Herrschaftsanspruch getriebene Kolonialismus inklusive Sklaverei nach sich zog, die Hobbes selbst erkannte und die er rechtfertigte.

Die „Wilden an vielen Orten in Amerika haben jedoch außer der Familie, die nur auf Lust beruht, keine Regierung", schrieb Hobbes (1929, Kap. 13, S. 95), und wo es keine Regierung, also keinen Staat gibt, so seine Argumentation, gibt es kein Recht. Die Machtausdehnung der Eroberer durch die Unterdrückung der Wilden wäre deshalb legitim, eine Auffassung, die Hobbes bejahte, wie er auch den Kolonialismus dem Geist seiner Zeit Ausdruck gebend in der menschlichen Natur begründet und als unausweichlich betrachtete (James 2021). Die Rechtfertigung der kolonialistischen Expansion und der damit einhergehenden Versklavung als „des weißen Mannes Bürde"[2] lässt sich so auf den „Leviathan" zurückführen, also auf die Schrift, mit der Hobbes die Rechtmäßigkeit politischer Herrschaft begründete (Evcan 2019).

Naturrecht war auch für Samuel Pufendorf (1632–1694) die Grundlage der Institutionalisierung von Privateigentum, wobei er diesen Begriff sehr weit fasste und darunter juristische, gesellschaftliche, politische und ethische Überlegungen miteinander verknüpfte.

> Alle Dinge der Pflanzenwelt und des Tierreichs wie alle anderen ‚gefühllosen Gegenstände' sind von Anfang an von Gott für alle gemeinsam mitten unter die Menschen gestellt worden, so daß sie einem nicht mehr gehören, als dem anderen (Pufendorf (1994, S. 105 f.).

Darauf beruhen Pufendorf zufolge für alle Menschen geltende Naturrechte, die jedoch nur realisiert werden können, wenn auch die natürlichen Pflichten beachtet werden. Der Mensch ist für ihn ein soziales Wesen, das die Pflicht hat, alles zu tun, was der Gemeinschaft nützt. Hieraus ergibt sich ihm zufolge das Recht auf Leben, das Recht auf Freiheit und das Recht auf Eigentum.

Pufendorfs Zeitgenosse John Locke (1632–1704) proklamierte ähnliche Grundsätze, mit denen auch die Landnahme in Übersee mit der europäischen Lebensweise gerechtfertigt wurde. Mit *On Property and the Formation of Societies* („Zwei Abhandlungen über die Regierung") wurde er zum wohl einflussreichsten staatsphilosophischen Vordenker und Begründer einer auf Arbeit beruhenden neuen Eigentumstheorie.

> Obwohl die Erde und alle minderwertigen Geschöpfe allen Menschen gemeinsam gehören, hat doch jeder Mensch Eigentum an seiner eigenen Person: Kein anderer Körper außer ihm selbst hat darauf ein Recht. Wir können sagen, dass die Arbeit seines Körpers und die Arbeit seiner Hände eigentlich sein Eigentum sind. Was auch immer er dann aus dem von der

---

[2] *The White Man's Burden* (1899) ist ein Gedicht des in British India geborenen Schriftstellers Rudyard Kipling, in dem er von den Aufgaben spricht, die der weiße Mann gegenüber den „verschreckten wilden Leuten – euren neugefangenen verdrossenen Völkern, halb Teufel und halb Kind" auf sich nehmen muss.

Natur geschaffenen Zustand herausnimmt und in diesem belässt, er hat seine Arbeit damit vermengt und etwas hinzugefügt, das ihm gehört, und es dadurch zu seinem Eigentum gemacht (Locke 1823, S. 116).

Locke befürwortete sowohl die Idee des Grundeigentums als auch den Kolonialismus. Auf den Zusammenhang zwischen beiden nicht nur bei Locke hat neben vielen anderen Historikern Alan Greer hingewiesen, der feststellt, „dass kommerzialisierte, individualisierte Formen des Eigentums in der Regel im Zuge der Kolonialisierung entstanden" (Greer 2012, S. 365). Lockes „Beschreibung der kolonialen Eigentumsbildung als Einfriedung eines großen universellen Gemeinguts" bezeichnet er als irreführend und „alles andere als einen harmlosen Fehler. Sie diente sowohl dazu, den Ureinwohnern ihr Landeigentum von vornherein abzuerkennen, als auch dazu, die koloniale Aneignung mit ‚Fortschritt' gleichzusetzen" (Greer 2012, S. 385). „Landeigentum der Ureinwohner" muss dabei als die behelfsmäßige Formulierung gesehen werden, die sie ist; denn was die Lebensweise der einheimischen Bevölkerung von der der Kolonisatoren unterschied, war ja gerade, dass sie kein Landeigentum kannten bzw. anerkannten.[3] Das deuteten europäische Siedler jedoch nicht als Gemeineigentum, sondern vielfach als Lizenz zur Okkupation.

Im „Entdeckungszeitalter" behandelten Europäer von ihnen okkupiertes Land oft als *terra nullius*, Niemandsland, und somit ihrer Bemächtigung offenstehend. Namentlich der amerikanische Kontinent wurde von europäischen Eroberern manchmal als „Welt ohne Menschen"[4] beschrieben, und wenn da Menschen waren, mussten sie vertrieben, ausgerottet, bekehrt oder wenigstens „zivilisiert" werden. Die Ureinwohner von europäischen Kolonisatoren eroberter Gebiete hatten ein anderes Verhältnis zur Natur und gingen mit den Früchten, die sie bot, mit Tieren, Wäldern, Gewässern und insbesondere dem Land, als dessen Teil vielmehr denn als seine Eigentümer sie sich verstanden, auf andere Weise um als

---

[3] „Respektvolle und gegenseitige Beziehungen zum Land sind das Herzstück vieler indigener Kulturen und Gesellschaften. Land ist auch der Kern des Siedlerkolonialismus. Einheimische Völker wurde nicht nur durch die Besetzung der Siedler und deren Ressourcengewinnung enteignet; die Umwandlung von Land in Eigentum hat auch ungezählte Schwierigkeiten für die anhaltenden Kämpfe um Landrückführung und -erneuerung geschaffen" (Atleo und Boron 2022).

[4] Déborah Danowski und Eduardo Viveiros de Castro, *The Ends of the World*, zitiert nach Ghosh (2022, S. 187).

Europäer. Das führte vielfach zu Konflikten zwischen beiden Gruppen, nicht nur in Amerika. Daraus ging ein sozio-ökonomisches System hervor, das Cedric J. Robinson (1983) als „rassistischen Kapitalismus" bezeichnete, um der Entwicklungsphase der Marktwirtschaft einen Namen zu geben, die wesentlich auf der Ausbeutung nicht-weißer unterdrückter Bevölkerungsgruppen beruhte. Am Beginn des Kolonialzeitalters hatten Hobbes und Locke vor allem Interesse an Nordamerika, aber das erwähnte Prinzip „Macht schafft Recht", die Idee von *terra nullius* und die Zivilisationsmission des weißen, christlichen Mannes bestimmten die Haltung der Kolonisatoren gegenüber der einheimischen Bevölkerung in anderen Teilen der Welt auf analoge Weise, wie für Südamerika, Afrika, Süd- und Südostasien und Australien inzwischen vielfach dokumentiert ist (z. B. Chakrabarty 2010; Jansen und Osterhammel 2013; Hansen, Jonsson 2014; do Mar Castro Varela und Dhawan 2015; Ghosh 2022). Im Zusammenhang mit der deutschen Kolonialgeschichte haben Kaleck und Theurer (2018) die eurozentrische Ausprägung des Völkerrechts und ihre bis heute wirksamen Folgen herausgearbeitet (vgl. auch von Bernsdorf und Schuler 2019). Die Besiedlung der europäischen Kolonisatoren zwang den einheimischen Bevölkerungen Strukturen auf, die sie nicht kannten und auch nicht verstehen konnten, was nachhaltige Folgen für territoriales Privateigentum hatte. Heute noch, oder besser gesagt, heute wieder wird vielerorts in post-kolonialen Kontexten über Landrechte gestritten (Young 2003).

Als „die Engländer Land in Übersee in Besitz nahmen, bauten sie Zäune und Hecken als Markierungen für Einfriedung und Privateigentum" (Linebaugh und Rediker (2000). Indem man ein Stück Land mit einem Zaun einhegt oder es beackert, kann man es sich aneignen, denn dadurch bereichert man es mit seiner Arbeit, die ja zweifellos einem selbst gehört – es sei denn, man ist versklavt. Das ist die Logik der Hobbesschen und Lockeschen Staatsphilosophie. Die reiche Literatur zu Kolonialismus und Entkolonialisierung lässt inzwischen unzweideutig erkennen, dass jede Darstellung der Modernisierung, die nur auf Abschaffung des Ständestaats, Aufklärung, Nationalismus und Industrialisierung abhebt, nicht nur unvollkommen, sondern irreführend ist; denn ohne den Reichtum, den sich die europäischen Mächte in ihren Kolonien schufen und von ihren Sklaven schaffen ließen, wäre die enorme Entwicklung von Wirtschaft und Gesellschaft nicht möglich gewesen.

Privates Landeigentum beruht auf legitim(iert)er Eroberung. – Einer ernsthaften Kritik unterzog diese Sichtweise auf dem Weg zur Französischen Revolution Jean-Jacques Rousseau (1712–1778), der den Verlust von Freiheit und Autonomie des Individuums sowie die Entstehung von Ungleichheit in der Gesellschaft auf die Institutionalisierung des Privateigentums zurückführte. In seiner Abhandlung über den Ursprung der Ungleichheit unter den Menschen identifizierte er treffend ein Schlüsselelement der aufkommenden bürgerlichen Gesellschaft. Er schrieb:

> Der erste, der es sich in den Kopf setzte, nachdem er ein Stück Land mit einem Zaun umgeben hatte, zu sagen ‚Das gehört mir' und Menschen fand, die einfältig genug waren, ihm zu glauben, war der wahre Begründer der bürgerlichen Gesellschaft. Wie viele Verbrechen, Kriege, Morde, wieviel Elend und Schrecken wären der Menschheit nicht erspart geblieben, hätte jemand die Pfähle herausgerissen und seinen Mitmenschen zugerufen: ‚Seht euch vor und schenkt dem Betrüger keinen Glauben; ihr seid verloren, wenn ihr vergesst, dass die Früchte zwar allen, aber die Erde niemandem gehört'.[5]

Dass Rousseau diese Überlegungen im Zusammenhang mit seinem Versuch, die Entstehung der bürgerlichen Gesellschaft zu verstehen, anstellte, zeugt davon, dass die Möglichkeit privaten Landeigentums im 18. Jahrhundert noch nicht so selbstverständlich war, wie sie es heute ist. Allein, die Menschen schenkten „dem Betrüger", wer immer es war, weithin Glauben, insbesondere die, die selbst nichts besaßen und sich als Siedlerkolonisten in die Neue Welt aufmachten, um dort ihr Glück zu suchen. Der Zusammenhang zwischen privatem Grundbesitz und Sklaverei wurde dort noch deutlicher, als er es in Europa schon war. Der atlantische Sklavenhandel und die Zucker- und Baumwollplantagen, die er ermöglichte, wurden, wie Linebaugh und Rediker (2000, S. 99) ausführen, zur Grundlage des Wirtschaftswachstums in den Kolonien; umzäunter Grund und Boden zum Prinzip privater Aneignung von Land-

---

[5] Jean Jacques Rousseau. *Discours sur l'origine de l'inégalité parmi les hommes*, Teil 2. https://www.rousseauonline.ch/pdf/rousseauonline-0002.pdf.

flächen; die Vorherrschaft der Weißen zur Theorie der Erklärung ethnischer Unterschiede. Dabei verschweigen die Autoren nicht, dass es unter den Siedlern auch Gegner des Privateigentums und der Zerstörung des Gemeinguts gab (Linebaugh und Rediker 2000, S. 140), aber diese blieben allerorts in der Minderheit, während die Kolonialmächte die eroberten ländlichen Gebiete in Rohstoffquellen und Konsumenten von Industriegütern verwandelten.

Die Behandlung von Menschen als Privateigentum im Sklavenhandel und in der Sklavenwirtschaft wurde ebenfalls nicht von allen Kolonialisten gutgeheißen. Dass jeder Mensch selber, wie Locke es postulierte, „Eigentum an seiner eigenen Person" hat, blieb freilich eine Idealvorstellung, die ungeachtet der rechtlichen Absicherung der persönlichen Freiheit lange Zeit nicht für alle Bevölkerungsgruppen umgesetzt wurde, wie aus Tab. 2.1 hervorgeht. Das Habeas-Corpus-Gesetz (wörtlich: ‚du sollst den Körper haben'), 1679 – in Hobbes Todesjahr – vom englischen Parlament verabschiedet, war „ein Gesetz zur besseren Sicherstellung der Freiheit der Untertanen und zur Überwachung der Verhaftungen in den überseeischen Besitzungen", wie es an seinem Anfang heißt. Es sollte die Gerichte dazu verpflichten, die Rechtmäßigkeit von Inhaftierungen oft und regelmäßig zu überprüfen, um zu verhindern, dass Menschen, was häufig geschah, ohne (hinreichenden) Grund eingekerkert waren. Das war ein wichtiger Schritt in Richtung individuelle Selbstbestimmung, was jedoch nicht von allen so gesehen wurde. Besonders deutlich zeigt sich das daran, dass Habeas-Corpus sowohl von Gegnern der Sklaverei als auch von ihren Verfechtern in Anspruch genommen wurde, um ihren Standpunkt zu verteidigen. Der Sklavenhandel wurde von den europäischen Kolonialmächten erst eineinhalb Jahrhunderte nach Habeas Cor-

Tab. 2.1 Abschaffung der Sklaverei in ausgewählten Ländern. Die

Großbritannien	1833
Frankreich	1848
Vereinigte Staaten	1865
Niederlande	1877
Belgien	1890

Jahreszahlen sind lediglich Orientierungsmarken, denn Sklavenhaltung und Sklavenhandel wurden oft getrennt behandelt, und ihre Abschaffung erfolgte schrittweise. (Eigene Darstellung)

pus offiziell abgeschafft, was zur nominellen aber, wie oben erwähnt, keineswegs faktischen Gleichstellung der versklavten Bevölkerungen führte.[6]

Als die Kombination von Kolonialismus und Industrialisierung in Europa zu nie dagewesenem Wirtschaftswachstum führte, stellte im damals reichsten Land der Welt John Stuart Mill (1806–1873) eine inhaltliche Verbindung zwischen Privateigentum und Freiheit her, sehr im Gegensatz zu Rousseau.

Das Recht auf Eigentum umfasst also die Freiheit des vertraglichen Erwerbs. Das Recht eines jeden auf das, was er geschaffen hat, impliziert ein Recht auf das, was andere geschaffen haben, wenn sie es mit deren freier Zustimmung erhalten haben; denn die Hersteller müssen es entweder freiwillig gegeben oder gegen etwas eingetauscht haben, was sie als gleichwertig erachten; sie daran zu hindern, würde ihr Recht auf Eigentum an dem Produkt ihrer eigenen Arbeit verletzen (Mill 1848, Bd. 2, Kap. 2, § 1).

Für die weitere Entwicklung des Eigentumsrechts sehr wichtig, stellt Mill auch Überlegungen zur Enteignung bzw. Legitimierung von Ansprüchen an, die möglicherweise lange zurückreichen:

> Selbst wenn der Erwerb unrechtmäßig war, wäre die Enteignung der vermutlich gutgläubigen Besitzer aufgrund der Wiederbelebung eines Anspruchs, der lange inaktiv war, nach einer Generation gewöhnlich eine größere Ungerechtigkeit und fast immer eine größere private und öffentliche Rechtswidrigkeit, als das ursprüngliche Unrecht ungesühnt zu lassen (Mill 1848, Bd. 2, Kap. 2, § 2).

Etwa gleichzeitig, also rund 200 Jahre nach Hobbes „Leviathan", setzte Karl Marx in „Das Kapital" einen Kontrapunkt zu Mill, indem er die Verwendung des unfreien menschlichen Körpers als Kapital in den europäischen Kolonien als Begleiterscheinung der „ursprünglichen Akkumulation", also der Ansammlung von Kapital, als eine ökonomisch wichtige

---

[6] Als ich diese Zeilen schrieb, am 1. Juli 2023, hielt König Willem-Alexander in Amsterdam bei einer Veranstaltung anlässlich des 150. Jahrestages der nominellen Abschaffung der Sklaverei in den Niederlanden eine Rede, um eine offizielle Entschuldigung für dieses an Hunderttausenden Menschen verübte Unrecht auszusprechen.

Kategorie der Herausbildung des globalen Kapitalismus beschrieb. Allerdings war für ihn Sklaverei, wie Zeuske (2016) gezeigt hat, vor allem ein Merkmal vormoderner Gesellschaften. Im Zusammenhang mit der Gesellschaftsformation im neunzehnten Jahrhundert mehr Aufmerksamkeit schenkte er dem Privateigentum als solchem, das, wie er es sah, die Entfremdung des Menschen von sich selbst verursachte.

> Das Privateigentum hat uns so dumm und einseitig gemacht, daß ein Gegenstand erst der unsrige ist, wenn wir ihn haben, also als Kapital für uns existiert oder von uns unmittelbar besessen, gegessen, getrunken, an unsrem Leib getragen, von uns bewohnt etc., kurz, gebraucht wird. Obgleich das Privateigentum alle diese unmittelbaren Verwirklichungen des Besitzes selbst wieder nur als Lebensmittel faßt und das Leben, zu dessen Mittel sie dienen, ist das Leben des Privateigentums Arbeit und Kapitalisierung. […] Die positive Aufhebung des Privateigentums, als die Aneignung des menschlichen Lebens, ist daher die positive Aufhebung aller Entfremdung, also die Rückkehr des Menschen aus Religion, Familie, Staat etc. in sein menschliches, d. h. gesellschaftliches Dasein (Marx 1844, S. 540).

In einer Epoche, in der das Privateigentum der Privatperson unter der Führung der europäischen Mächte überall zur Grundlage allen Wirtschaftens wurde, trat Marx vor dem Hintergrund dieser Überlegungen zusammen mit Friedrich Engels für die Aufhebung des Privateigentums ein. Im *Kommunistischen Manifest* von 1848 heißt es:

> … das moderne bürgerliche Privateigentum ist der letzte und vollendetste Ausdruck der Erzeugung und Aneignung der Produkte, die auf Klassengegensätzen, auf der Ausbeutung der einen durch die andern beruht.
> In diesem Sinn können die Kommunisten ihre Theorie in dem einen Ausdruck: Aufhebung des Privateigentums, zusammenfassen.

Marx Erläuterung bezüglich der „Rückkehr des Menschen aus Religion, Familie, Staat etc." lässt den utopischen Charakter seiner Gesellschaftsphilosophie deutlich werden, und macht es verständlich, dass sich „der Mensch" bis heute nicht von dem ihn von sich selbst entfremdenden Privateigentum verabschiedet hat. Was Entfremdung eigentlich bedeutet, bleibt eine philosophische Frage, aber an der zentralen Funktion des

Privateigentums und seines seit dem 18. Jahrhundert entwickelten rechtlichen Schutzes für das globale Wirtschaftssystem rüttelt heute kaum jemand. Schon in den unruhigen Zeiten, als in den deutschen Staaten die Bürger um die Macht rangen, Marx und Engels in London das Kommunistische Manifest veröffentlichten und in Frankreich die Zweite Republik ausgerufen wurde, kritisierte Alexis de Tocqueville als Mitglied der verfassungsgebenden Kommission den Sozialismus, der die Existenzberechtigung des privaten Grundeigentums bestritt, als Verletzung der menschlichen Natur, der Eigentumsrechte und der individuellen Freiheit. In seinen Memoiren schrieb er:

> Die Zeit wird kommen, wo das Land wiederum in zwei große Parteien geteilt sein wird. Die französische Revolution, die alle Privilegien beseitigte und alle ausschließlichen Rechte vernichtete, hat *ein* Recht bestehen lassen, nämlich das des Eigentums. Die Eigentümer dürfen sich aber über die Macht ihrer Position keine Illusionen machen und sich nicht einbilden, das Eigentumsrecht sei ein uneinnehmbares Bollwerk, weil es bisher noch nirgends erstürmt worden ist. Denn unsere Zeit gleicht keiner anderen. Als noch das Eigentumsrecht nur den Ursprung und die Grundlage für viele andere Rechte bildete, war es leicht zu verteidigen oder vielmehr wurde es nicht angegriffen. Es bildete damals gleichsam einen Schutzwall für die Gesellschaft, deren andere Rechte mit vorgeschobenen Verteidigungsstellungen zu vergleichen waren. […] Aber heute ist das anders. Heute erscheint das Eigentumsrecht nur noch als letzter Rest einer untergegangenen aristokratischen Welt; es steht allein noch aufrecht als ein isoliertes Privileg inmitten einer gleichgemachten Gesellschaft und nicht mehr gedeckt hinter vielen anderen, strittigeren und verhaßteren Rechten (Tocqueville 1954, S. 49 f.).

Tocquevilles und Marx diesbezügliche fast gleichzeitig formulierte Überlegungen lassen erkennen, dass das Recht auf privates Grundeigentum seit seiner naturrechtlichen Legitimierung durch Grotius, Pufendorf, Hobbes und Locke im Zuge der Abschaffung des Ständestaates zum politischen Streitpunkt geworden war. Mit seiner Vorhersage, dass das Land erneut in zwei große Parteien gespalten sein werde, hatte Tocqueville sicher recht, mit Konsequenzen für das, was der Staat ist und sein soll. In Hobbes Staatstheorie sind alle Menschen gleich und einander gleichermaßen feindlich gesonnen. Nur eine außerhalb stehende Instanz kann sie voreinander schützen. Bei Marx hingegen stehen Ausbeuter und Ausgebeutete einander gegenüber, und eine im eigentlichen Sinne menschliche Gesellschaft kann nur von letzteren erkämpft werden, indem die Grundlage dieses Verhältnisses der Ungleichheit, das Privateigentum, abgeschafft wird. Das ist nicht geschehen, und alle Experimente, die in diese Richtung zielten, sind gescheitert. Zeugt das von einer historischen Notwendigkeit? Mit gleicher Berechtigung kann gefragt werden, ob der von Marx diagnostizierte Zusammenhang von Privateigentum und Ungleichheit eine historische Notwendigkeit ist. Auch wenn wir die menschliche Gesellschaft als im stetigen Wandel begriffen verstehen, wird diese Frage unbeantwortet bleiben. Fest steht hingegen, dass zwischen Modernisierung und Privateigentum speziell an Grund und Boden ein enger Zusammenhang besteht, denn „eine Neudefinierung der Eigentumsrechte im letzten Drittel des 19. Jahrhunderts ermöglichte eine massive Umverteilung von Land weg von Dörfern und Nomadenvölkern und hin zu gut vernetzten Besitzern riesiger Ländereien" (Beckert 2015, S. 297).

Nicht nur das; Privateigentum an Produktionsmitteln inklusive Land gilt heute weithin als unverzichtbarer Faktor für die Verwirklichung individueller Freiheit. Zwar sind gelegentlich noch immer Stimmen zu hören, die das bestreiten und darauf hinweisen, wie ungleich diese Freiheit verteilt ist (z. B. Nuss 2020; Buller und Lawrence 2022; Christophers 2023), aber die überragende Bedeutung des Privateigentums für das inzwischen globale kapitalistische Wirtschaftssystem ist unbestreitbar. In der Moderne, können wir zusammenfassend sagen, trat an die Stelle des Standes, in den man in der Feudalgesellschaft hineingeboren war, das okkupierte, erarbeitete oder ererbte Eigentum als entscheidendes Merkmal der persönlichen Identität: *Habeo, ergo sum*.

Speziell was Landbesitz betrifft, sind seit Ende des 19. Jahrhunderts komplizierte Rechtsordnungen entstanden, die Eigentum an und Handel mit Land regeln und auf mancherlei Weise einschränken. An der Idee der notwendigen Verbindung zwischen Eigentum und autonomem Individuum in der modernen Gesellschaft ändert das jedoch wenig, obwohl diese Idee durch die Verbreitung des Neoliberalismus in den letzten Jahrzehnten an Glaubwürdigkeit verloren hat. Ob die Inbesitznahme auf gerechte Weise erfolgt ist, spielt gewöhnlich eine untergeordnete Rolle, denn institutionelle Pfadabhängigkeit begünstigt den Status quo, vor allem wenn Änderungen die Interessen privilegierter Eliten berühren, was sich heute überall bei den Versuchen zeigt, eine gerechtere Verteilung der Güter dieses Planeten herbeizuführen, innerhalb der reichen Länder ebenso wie global zwischen Nord und Süd.

Im Rückblick lässt sich kaum bestreiten, dass der Übergang von agrarischen Ständestaaten zur liberalen Ordnung industrieller Verfassungsstaaten mit nominell gleichem Anspruch aller Bürger auf politische Teilhabe zu einem großen Paradoxon führte. Aus dem von Tocqueville beobachteten in der Zeitenwende der Französischen Revolution unangetastetem Recht auf Privateigentum an Grund und Boden und der Kommodifizierung der Arbeitskraft in der Marktwirtschaft ist eine soziale Dynamik von Aneignung und Enteignung, Kapital und Arbeit hervorgegangen, die in zunehmender Ungleichheit resultierte. Dem Staat, der die Eigentumsrechte garantiert, fiel dadurch auch die Aufgabe zu, eben diese Rechte einzuschränken, um den Widerspruch zwischen postulierter politischer Gleichheit und tatsächlicher wirtschaftlicher Ungleichheit und die daraus erwachsenden zentrifugalen Kräfte der Desintegration nicht überhand nehmen zu lassen. Dadurch kommt der Staat als Sachwalter individueller Rechte und kollektiver Ansprüche in ein Spannungsfeld, das bis heute fortbesteht, denn unvermeidlich konkurrieren Privateigentum und öffentliche Belange miteinander.

Wie oben erwähnt, betrachtete der Prophet der liberalen Gesellschaftsordnung John Stuart Mill Privateigentum als Voraussetzung von Freiheit. Ein halbes Jahrhundert später, als die Industrialisierung weiter vorangeschritten war, betonte Émile Durkheim die Schattenseiten dieser sich entwickelnden Ordnung, die er als „krassen Kommerzialismus" beschrieb, der „die Gesellschaft auf nichts weiter als einen riesigen Produktions- und Austauschapparat [reduziert]. Denn es ist überaus klar, dass jegliches Gemeinschaftsleben ohne die Existenz von Interessen, die über denen des Einzelnen liegen, unmöglich ist" (Durkheim 1898, S. 4).

Ähnlich rückte Max Weber im Gegensatz zu Mill die freiheits-*begrenzende* Funktion des Privateigentums in den Vordergrund der Gesellschaftsanalyse. „Jede Appropriation von Menschen (Sklaverei, Hörigkeit) oder von ökonomischen Chancen (Kundschaftsmonopole) bedeutet Einschränkung des an Marktlagen orientierten menschlichen Handelns"

(Weber 1922, S. 87). Die Marktlage schränkt das Handeln nicht nur versklavter Menschen ein, sondern all jener, die nur ihre Arbeitskraft auf dem Markt anzubieten haben und an der „Gestaltung des Eigentums [...] zugunsten der Unbeengtheit ihrer Orientierung an den Gewinnchancen" (Weber 1922, S. 87) und der darauf ausgerichteten Ausprägung der Eigentumsordnung nicht beteiligt sind.

Die Aneignung der Arbeitsmittel und der Arbeitskraft nimmt in der „Verkehrswirtschaft", wie Weber sie beschreibt, sehr unterschiedliche Formen an. In jedem Fall aber entsteht eine Eigentumsordnung, die neben den Kontrollfunktionen des Staates u. a. die „erwerbsmäßige Nutzung unfreier Arbeiter, das unfreie Lieferungsgewerbe, das unfreie Verwertungsgewerbe, die unfreie Heimarbeit, die unfreie Werkstattarbeit" und manch andere Beschränkungen der Freiheit regelt (Weber 1922, S. 100). „Die ökonomische Theorie" argumentiert Weber, „würde dann wohl sagen: daß jene Ausnutzung der Machtlage: – eine Folge des Privateigentums an den Beschaffungsmitteln und Produkten – nur dieser Kategorie von Wirtschaftssubjekten ermögliche: so zu sagen, ‚zinsgemäß' zu wirtschaften" (Weber 1922, S. 78). Profitstreben, Unfreiheit und Ungleichheit sind mit anderen Worten ursprünglich in das marktwirtschaftliche System eingebaut. Im Laufe der Industrialisierung wurde Eigentum als Fundament dieses Systems zunehmend wichtiger, was in der westlichen Welt, sowohl im europäischen Zivilrecht als auch im anglo-amerikanischen Fallrecht, immer detailliertere Eigentumsrechte entstehen ließ. Sie betreffen u. a. folgende Fragen.

Was kann Eigentum sein? Wenn wir an Grotius (s. Kap. 2, Abschn. „Privateigentum") zurückdenken, wird die Kontingenz jeder Antwort auf diese Frage unmittelbar klar. Er befasste sich u. a. mit Eigentumsansprüchen an die Weltmeere, was damals, wenn nicht eigenartig, zumindest originell war. Heute ist das Seerecht eine hochkomplexe Sparte des Völkerrechts.[7] Soll der Tiefseeboden als gemeinsames Menschheitserbe

---

[7] Das zuerst 1982 angenommene und inzwischen mehrfach modifizierte und erweiterte Seerechtsübereinkommen der Vereinten Nationen legt heute ein umfassendes System für Recht und Ordnung in den Ozeanen und Meeren der Welt fest sowie Regeln für die Nutzung der Ozeane und ihrer Ressourcen. Alle konfliktären Territorialansprüche benachbarter Anrainerstaaten sind damit allerdings nicht ausgeräumt, wie etwa zwischen Griechenland und Türkei oder im Südchinesischen Meer. https://www.imo.org/en/ourwork/legal/pages/unitednationsconventiononthelawofthesea.aspx.

fortbestehen, oder sollen Eigentum und die Ausbeutung von unterseeischen Bodenschätzen im privaten Profitinteresse möglich sein? Das ist nur eine Frage zur Definition dessen, was Privateigentum sein kann (Ranganathan 2019). Ebenso wie diese haben viele andere politischen bzw. ideologischen Charakter und beziehen sich auf rechtliche Grundstrukturen des Zusammenlebens, heute mehr denn je auf diesem Globus.

Im engeren Rahmen existierender Rechtsordnungen geht man bei fast allen materiellen Objekten davon aus, dass sie jemandes Eigentum sein können, aber im modernen Zivilrecht wird gewöhnlich ein Unterschied zwischen beweglichen und unbeweglichen (Immobilien) Objekten gemacht. In Deutschland bildet dieser Unterschied die Haupteinteilung des Eigentumsrechts.

Ein weiterer kategorialer Unterschied, dessen Bedeutung erst in der Moderne hervortrat, ist der zwischen materiellen und immateriellen Werten. Manche immateriellen Güter werden so behandelt wie materielle Güter, andere nicht. Copyright-Gesetze z. B. entstanden erst nach und nach im 18. Jahrhundert. Die Frage, was man besitzen kann, beantwortet sich, wie diese wenigen und sehr unterschiedlichen Beispiele zeigen, nicht von selbst. Die Antworten, die es gibt, haben weitreichende Folgen für die Ausgestaltung dieses Rechtsbereichs und die Pflichten des Staates, die verschiedenen Arten des Eigentums zu schützen.

Wer kann Eigentum haben? Kinder; Ehepaare; Familien; Ausländer (Nicht-Staatangehörige); Gruppen; Unternehmen; Körperschaften; Gemeinden; Staaten; Völker? Wiederum hängen die Antworten von den Rechtssystemen ab, in deren Rahmen sie gegeben werden. In manchen Ländern können z. B. Ausländer kein Land erwerben; in anderen kann man sich die Staatsbürgerschaft käuflich zu eigen machen (Sumption 2023), sie allerdings nicht wieder (legal) verkaufen. Kinder können in vielen Ländern Eigentümer von Ländereien sein aber nicht damit handeln. Die Frage, welche Eigenschaften Personen haben müssen, um Landeigentum haben zu können, betrifft in entwickelten Rechtsstaaten nicht ein Gesetz, sondern eine ganze Reihe von rechtlichen Bestimmungen. Sie sind kontingent und stehen mit anderen Rechten in Zusammenhang.

Was kann man mit Eigentum machen? Hier variiert die Antwort sehr stark mit der Art des Eigentums und ist Gegenstand diverser Gesetze und

Regeln wie z. B. Mietrecht, Erbrecht, Pfandrecht, u. a. Die Verwertung von Bodenschätzen und unterirdischen Quellen von Land in Privatbesitz ist vielfach Gegenstand gesetzlicher Bestimmungen geworden. Enteignung von privatem Landeigentum ist gemeinhin gesetzlich geregelt, wobei private Interessen und solche der Allgemeinheit gegeneinander abzuwägen sind. Im deutschen Recht kommt die große Bedeutung entsprechender Bestimmungen darin zum Ausdruck, dass sie im Grundgesetz verankert sind. „Eigentum verpflichtet. Sein Gebrauch soll zugleich dem Wohle der Allgemeinheit dienen" (Grundgesetz Artikel 14, Abs. 2).

Politische Systeme unterscheiden sich wesentlich darin, wie sie mit der Abwägung privater Interessen gegenüber dem Gemeinwohl umgehen: Die libertäre Zurückdrändung des Staates im Interesse individueller Freiheit steht am einen Ende, die Stärkung des Sozialstaates als Motor gerechterer Kooperation und Verteilung am anderen, und dazwischen der liberale Staat, der für fairen globalen Wettbewerb sorgen will. In autokratischen Staaten unter Führung einer Partei wird das Verhältnis von Individuum, Gesellschaft und Staat in stärkerem Maße durch Gewalt und Einschränkung der politischen Teilhabe bestimmt. In jedem Fall gibt es auf die Fragen, was Privateigentum sein kann, wer es haben kann und was man damit tun kann, keine natürliche, sondern nur ideologische Antworten, wie dementsprechend auch das Verhältnisses von Staat und Privateigentum ideologisch bedingt ist. Das ist auch deshalb so, weil neue Formen möglichen Eigentums entstehen. Wer hat zu Grotius Zeiten an Eigentumsrechte an Bodenschätzen auf der Tiefseeebene gedacht? Wer hätte sich vorstellen können, dass die Verfügung über das eigene Blut – Kann man etwas spenden, dessen Eigentümer man nicht ist? – einmal ein eigentumsrechtliches Problem sein könnte?

Besitz spielt für das Eigentumsrecht eine äußerst wichtige Rolle. Deshalb hat die Beantwortung der erwähnten Fragen für die Ausgestaltung des nationalen Rechtsbereichs und auch für internationales Recht weitreichende Folgen, wie etwa die Charta der Grundrechte der Europäischen Union feststellt:

> Jede Person hat das Recht, ihr rechtmäßig erworbenes Eigentum zu besitzen, zu nutzen, darüber zu verfügen und es zu vererben. Niemandem darf sein Eigentum entzogen werden, es sei denn aus Gründen des öffentlichen

Interesses in den Fällen und unter den Bedingungen, die in einem Gesetz vorgesehen sind, sowie gegen eine rechtzeitige angemessene Entschädigung für den Verlust des Eigentums. Die Nutzung des Eigentums kann gesetzlich geregelt werden, soweit dies für das Wohl der Allgemeinheit erforderlich ist.

Geistiges Eigentum wird geschützt. (Artikel 17, Charta der Europäischen Union).[8]

Was das im Einzelfall bedeutet und dass darüber gestritten werden kann, wird uns in den folgenden Kapiteln weiter beschäftigen. Bezüglich geistigen Eigentums liegt es vielleicht noch eher als bei materiellem Eigentum auf der Hand, dass es sich nicht von selbst versteht, was es sein kann. Aber auch materielles Eigentum ist so vielfältig, dass es schwerfällt, mit einer einzigen Definition alles zu erfassen, was in einer Gesellschaft unter diesen Begriff fallen kann.

Zwischenbilanz

Die Gesellschaft, in der wir leben, ist im Laufe der letzten zweieinhalb Jahrhunderte zu einer solchen geworden, in der quasi alles bilanziert wird, also auch dieses Kapitel. Ausgehend von der Transformation des Einzelnen als Mitglied eines Standes zur Privatperson im Zuge der Modernisierung hat es deutlich gemacht, dass Verrechtlichung, wie der Begriff selber sagt, ein historischer Prozess ist. Unter dem Einfluss der kolonialistischen Expansion haben sich Theoretikern wie Grotius, Pufendorf, Hobbes und Locke der Verrechtlichung des Privateigentums eine ideologische Grundlage gegeben, die den Charakter des Zusammenlebens nachhaltig veränderte. Wenn wir nur den kleinen hier kursorisch betrachteten Teil der europäischen Geschichte Revue passieren lassen, ist unübersehbar, dass Privateigentum an Sachen, an Grund und Boden ebenso wie an der eigenen Arbeitskraft durchaus keine Konstanten des Menschseins sind, sondern historisch gewachsene normative Beziehungen

---

[8] https://fra.europa.eu/de/eu-charter/article/17-eigentumsrecht?field_info_deciding_body_type_target_id%5B721%5D=721&field_info_deciding_body_type_target_id%5B722%5D=722&field_info_deciding_body_type_target_id%5B723%5D=723&page=9.

zwischen Eigentümern, Dingen und dritten Parteien. Was Dinghaftigkeit ist, bedarf, um die Diskussion über diese Beziehungen führen zu können, einer Definition, die wiederum zeitgebunden ist. Bei Privateigentum und Privatperson geht es letzten Endes also nicht um Gegenstände und Personen, sondern um Beziehungen, um Rechte und Pflichten, die in einer Gesellschaft gesetzlich fixiert oder durch Tradition allgemein anerkannt sind.

Wo es Geschichte gibt, gibt es Kultur. Insofern privat in Bezug auf Person und Eigentum historisch bedingt ist, impliziert das kulturelle Unterschiede dieses Begriffs, denen wir uns im nächsten Kapitel zuwenden.

3

Kultur

> *… sich zu betrachten, wie Probleme, die uns umtreiben, in einem anderen kulturellen Kontext dastehen – und zwar nicht nur als Ausdruck von Respekt und gesunder Neugier, sondern auch, weil es uns hilft, unsere Gedanken zu ordnen.*
>
> Martha Nussbaum 200

„Der Kern des Glücks: der sein zu wollen, der du bist." Dieser Aphorismus von Erasmus wird deshalb gerne zitiert, weil er einen Topos der europäischen Kultur auf den Punkt bringt, die Wichtigkeit der eigenen Person und ihrer Einzigartigkeit. Der darauf fußende Individualismus ist eng verbunden mit der Idee der Privatheit. Um das zu verdeutlichen, ist es instruktiv, „Probleme, die uns umtreiben, in anderen kulturellen Kontexten" zu betrachten.

Nackte Tatsachen

Im März 2023 verlor die Direktorin einer Grundschule im US-Bundesstaat Florida ihre Stelle, weil sie in einer Klasse Pornografie zur Schau gestellt hatte; genauer gesagt, ein Foto von Michelangelos Marmorstatue des biblischen David in Florenz. Ein vielleicht nie übertroffenes bildhauerisches Meisterwerk, gilt sie als Ikone der italienischen Renaissance. Aber sie ist, oh Gott – nackt!

Der nackte menschliche Körper ist ein Untersuchungsgegenstand der Kulturanthropologie voller Komplexitäten und Widersprüche. Nacktheit ist gut für die Industrie, die von der Bedeckung des Körpers lebt, der Mode, die gerade so viel oder etwas mehr enthüllt, als die guten Sitten zulassen, die freilich im Zeitalter des Neoliberalismus immer wieder den kommerziellen Imperativen angepasst werden müssen. Nacktheit ist Kindern am Strand erlaubt, Erwachsenen nicht, es sei denn an einem deutschen FKK-Strand. Zu wissen, dass man nackt ist, heißt, die Unschuld verloren zu haben – jedenfalls in der Tradition der drei abrahamitischen Religionen, die mit dem Mythos von der unschuldigen Nacktheit im Garten Eden beginnt. Da herrschten anscheinend milde Temperaturen, sodass man sich auch nach dem Genuss eines Apfels vom Baum der Erkenntnis mit einem Feigenblatt begnügen konnte. Aber bekleiden tun wir uns nicht nur, um uns vor Kälte und Hitze zu schützen; anziehen müssen wir uns, um aus der unschuldigen Anonymität herauszutreten, denn Kleider machen Leute. Nacktheit wird oft mit Sex assoziiert, was so ist wie der allersimpelste Logikfehler, wenn man nämlich aus „wenn meine Geliebte Geburtstag hat, trinke ich auf ihr Wohl" den Umkehrschluss „wenn ich auf ihr Wohl trinke, hat sie Geburtstag" zieht. Trotzdem ist es so, jedenfalls in weiten Teilen der westlichen Welt. Natürlich gibt es viele Verbindungen zwischen Nacktheit, Sex und Erotik, aber die sind vielfältig und in keiner Weise natürlich, sondern Ausdruck kultureller oder religiöser Verhaltenskodizes, die auch in der Kunst ihren Niederschlag finden. Aktmalerei gibt es seit der Antike, als Ausdruck von Stärke und Macht, der männliche Körper, zelebriert als Gipfel der Schönheit, aber auch verpönt als Schamlosigkeit, der weibliche, als Verkörperung der Sünde, Zeichen der Armut oder der Askese, um nur einige Beispiele für die vielen möglichen Inszenierungen und Interpretationen der Nacktheit zu nennen. Sie lassen die „natürliche Nacktheit" ein höchst unwahrscheinliches Phänomen sein; denn Menschen leben in Gesellschaften, und die Gesellschaft, in deren Künsten, Konventionen, Wertvorstellungen, Erfahrungen und Traditionen der menschliche Körper keine Rolle spielt, muss noch gefunden werden. Nacktheit kann in bestimmten Umgebungen als Ordnungswidrigkeit geahndet werden, während in anderen dafür gezahlt wird, z. B. in Striptease-Bars, Einrichtungen, die im Kontext mancher Kulturen absurd erscheinen.[1]

Über diejenigen, die an der Nacktheit von Michelangelos Statue Anstoß nahmen, könnten wir lachen (wenn da nicht die misslichen Folgen für die Direktorin wären); wir könnten aber auch sagen, die leben in einer anderen Welt, in einem anderen kulturellen Kontext. Wie z. B. Arthur Schnitzler in einer anderen Welt lebte, als er in den 1920er-Jahren in Wien das Drama „Fräulein Else" schrieb. Else kommt in eine Zwangslage, als sie aufgefordert wird, ihren vor dem Bankrott stehenden Vater zu retten, indem sie sich einem potenziellen Geldgeber nackt zeigt, der das als Gegenleistung für eine größere Zuwendung verlangt. Hin- und hergerissen zwischen Loyalität zu ihrem Vater und dem Schutz ihrer Privatsphäre, den ihre Selbstachtung verlangte, entblößt sie sich vor dem Gläubiger, um sich dann umzubringen. Die Theologin Bahar Davary (2009) zitiert „Fräulein Else", um eine Parallele mit der Entblößung durch die erzwungene Ablegung des Schleiers, *Hijab*, Kopftuch (حجاب, arabisch: Vorhang), bzw. *Niqab*, Gesichtsschleier (نقاب, arabisch: Schleier) aufzuzeigen, derentwegen sich Frauen ebenfalls das Leben genommen haben. Sich anderen nackt zu zeigen, war vor hundert Jahren im europäischen Kontext etwas anderes als heute: eine so unerträgliche Entehrung und Beschämung nämlich, dass Selbstmord eine vielleicht extreme, aber verständliche Reaktion darauf war. Im Westen, argumentiert Davary, wird der muslimische Schleier oft nur als Zeichen der Unterdrückung der Frau verstanden, wobei übersehen wird, dass er für verschiedene Menschen in verschiedenen Epochen und politischen Kontexten sehr verschiedene Bedeutungen

---

[1] Die Literatur über Striptease ist endlos. Anlin Cheng (2011) Portrait von Josephine Baker verbindet Nacktheit auf meisterhafte Weise mit Primitivismus, Rassismus, Sexismus, Begierde und Repression, Tätowierung und sexuellem Fetischismus.

hat, „als Zeichen der Unterdrückung und solches der Befreiung" (Davary 2009, S. 50) „symbolisiert er hier Ehre, dort Entehrung" (Davary 2009, S. 60) oder auch Abgrenzung der Privatsphäre. Allein im Laufe des zwanzigsten Jahrhunderts wurde die Verschleierung in der Türkei, im Iran und in anderen islamischen Ländern wiederholt verboten und zwangsweise wieder eingeführt. Manche tragen ihren Schleier mit Stolz, traditionsbewusst oder als Zeichen des Widerstands gegen Verwestlichung, andere schämen sich dafür; denn was Grund zu Stolz oder zu Scham, was schicklich und was erniedrigend ist, ändert sich im Laufe der Zeit. Gemeinsam ist Gegnerinnen der vorgeschriebenen und dann wieder verbotenen Verschleierung, dass sie gegen Eingriffe von außen in Entscheidungen aufbegehren, die sie als ihre eigene Angelegenheit betrachten. Die Ver- bzw. Enthüllung des Gesichts kann da ähnliche Wirkungen haben wie die des ganzen Körpers, und außer Schleiern werden zum Zwecke der Abgrenzung auch andere Mittel eingesetzt wie Fächer und spiegelnde, die Augen verbergende Sonnenbrillen.

Der Schleier und seine Politisierung – verboten z. B. in bestimmten Umgebungen oder Institutionen wie Schulen in Belgien,[2] Deutschland,[3] Frankreich,[4] Niederlande,[5] Dänemark,[6] Österreich,[7] Schweiz[8] u. a. – lenken den Blick auf einen weiteren Aspekt der Nacktheit. Im Zuge der

---

[2] 2020 beschloss das belgische Verfassungsgericht, das Erziehungseinrichtungen das Recht haben, das Tragen von Kopftüchern zu verbieten. https://dekanttekening.nl/wereld/in-belgie-staat-de-hoofddoek-onder-druk-maar-hijabisfightback/.

[3] Im Oktober 2017 trat in der BRD das sog. Antiverhüllungsgesetz in Kraft, das die Verschleierung des Gesichts im öffentlichen Raum verbietet und mit Bußgeld bedroht.

[4] In Frankreich wurde 2018 ein Verbot von Kleidung, die das Gesicht verdeckt im öffentlichen Raum ausgesprochen und wurde dafür von der UN-Menschenrechtskommission kritisiert. https://www.ohchr.org/fr/press-releases/2018/10/france-banning-niqab-violated-two-muslim-womens-freedom-religion-un-experts.

[5] 2018 beschloss das niederländische Parlament (Erste Kammer) ein Verbot gesichtsverhüllender Kleidung.

[6] In Dänemark besagt Paragraf 134c des Strafgesetzbuchs (https://danskelove.dk/straffeloven), dass Gesichtsverhüllung in öffentlichen Räumen mit Bußgeld bestraft wird und ist seit August 2018 Rechtsgrundlage des Verbots der Gesichtsverschleierung.

[7] 2017 trat in Österreich das Anti-Gesichtsverhüllungsgesetz in Kraft. https://www.oesterreich.gv.at/themen/leben_in_oesterreich/aufenthalt/Seite.120251.html.

[8] In der Schweiz wurde im März 2021 per Volksabstimmung beschlossen, einen Artikel zum Verbot der Gesichtsverhüllung in die Verfassung aufzunehmen. https://www.admin.ch/gov/de/start/dokumentation/medienmitteilungen.msg-id-90650.html.

europäischen Expansion, mussten deren Vertreter Einheimischen in anderen Teilen der Welt beibringen, sich ordentlich anzuziehen, denn das verlangte die selbstgestellte Zivilisationsmission von ihnen. Dass z. B. die Nacktheit weiblicher Brüste nicht anstößiger ist als die männlicher, leuchtete ihnen ebenso wenig ein, wie den Eltern der erwähnten Grundschule in Florida, dass Nacktheit nicht das Gleiche ist wie Pornografie. In seiner Studie zweier westlicher Kulturen der Privatheit stellt der amerikanische Jurist James Q. Whitman fest, dass Gesetze und Etikette von Nacktheit in der Öffentlichkeit in Europa ganz andere seien als in USA. Für die Erforschung europäischer Normen des Privaten empfiehlt er „einen Aufenthalt auf einer deutschen Liegewiese [...], denn wie jeder Deutsche Ihnen dort sagen wird, ist es eine Frage der Höflichkeit, dass nackte Menschen das Recht haben, nicht angestarrt zu werden. Das vollständige Ausziehen Ihrer Kleidung, selbst in einem öffentlichen Park, stellt keinen Verzicht auf Ihre Privatsphäre dar" (Whitman 2004, S. 1201). Im Englischen Garten in München normal, im Central Park in New York undenkbar, ist Nacktheit eine Facette der kulturellen Ausprägung von Privatheit, die auch in vielen anderen Ländern zum Ausdruck kommt.

Dass Frauen und Männer gemeinsam unbekleidet in heißen Quellen badeten und öffentliche Bäder besuchten, fiel bis Mitte des neuzehnten Jahrhunderts in Japan niemandem auf. Puritanische Moral, die nach zweieinhalb Jahrhunderten relativer Isolation zusammen mit manch anderen Errungenschaften der westlichen Zivilisation ins Land kamen, belehrte die fest zur Modernisierung entschlossenen Japaner eines anderen. Heute sind gemischte Bäder (*konyoku*) Ausnahmen. Das dialektische Zusammenspiel von Nacktheit und Scham gibt es, wie Duerr (1988) gezeigt hat, in allen Kulturen, aber wie es dargestellt, wie es gespielt wird, ist historisch und kulturell sehr variabel. Nacktheit ist unschuldig, natürlich und verletzlich einerseits, und obszön, provokativ und (un)verschämt andererseits. Liegt das nur im Auge des Betrachters? Ohne eine vorschnelle Antwort auf diese Frage zu geben, sei hier nur daran erinnert, dass viele Kolonisatoren und Missionare von der Universalität bzw. Überlegenheit ihrer Standards überzeugt waren und es noch immer sind.

Daran zu zweifeln, gibt es auch heute gute Gründe. Die nackte Haut muss man verbergen, denken die einen, während die anderen sie zur

Oberfläche eines zu exhibitionierenden Zeichensystems machen. Tätowierung ist cool, war es aber nicht immer und ist es nicht überall (Rush 2005). In Japan waren Tätowierungen bis unlängst so eindeutig mit dem organisierten Verbrechen assoziiert, dass ihren Trägern der Zugang zu öffentlichen Bädern verwehrt war. Der japanische Modeschöpfer Miyake Issei setzte sich schon in den 1970er-Jahren mit einer Ausstellung in Paris über diese Norm hinweg und machte die Muster der klassischen japanischen Tätowierung salonfähig, wenn man das, wo Salons längst aus der Mode gekommen sind, leicht anachronistisch so sagen kann. Inzwischen ist die Verbindung von Tätowierung und Kriminalität nicht mehr so ausnahmslos, denn die recht plötzlich aufgekommene Welle, auf der die Hautmalerei in die Mitte der Gesellschaft gespült wurde, hat, vom Wind der Globalisierung getrieben, inzwischen auch japanische Gestade erreicht, obschon nicht so heftig wie in Europa. Ein Rest von Scham begleitet Tätowierte in manchen Umgebungen noch immer.

Scham und Schuld

Was man mit seiner Haut macht und wie man sie zur Schau stellt, ist eines jeden persönliche Angelegenheit, könnte man meinen, aber das ist zu kurz gegriffen; denn, wie wir gerade gesehen haben, ist der moderne Staat durchaus bereit, in dieser Hinsicht Vorschriften zu machen. Öffentlichkeit und Privatsphäre werden dabei nur scheinbar klar geschieden. Da das Leben in öffentlichen Räumen staatlichen Regeln unterliegt, ist ob man sich tätowiert, ohne Schleier oder unbekleidet darstellt, nur partiell Privatsache. Darstellen tut man sich damit auf jeden Fall, und jede Darstellung erfolgt in Bezug auf ein Publikum. Der von Erving Goffman (1956) eingeführte Begriff der „Selbstdarstellung im täglichen Leben" kommt hier gut zupass. Im gesellschaftlichen Leben stellen wir uns immer auf ganz bestimmte Weise dar, d. h., wir spielen Rollen, die wir nur partiell selbst gestalten, da ihre Fassaden von Normen und Konventionen vorgegeben sind, denen wir von frühester Kindheit an ausgesetzt sind. Wie wir uns „aufführen" variiert dabei mit den Rollen, die wir spielen und mit dem Publikum. Auf ironische Weise und vermutlich ohne je an seine soziologische Bedeutung gedacht zu haben illustrierte das Rollenspiel der etwas exzentrische Pianist Glenn Gould, G.G., in einem Interview mit sich selbst, g.g.

G.G.: Meinen Sie nicht, dass ein Gefühl von Unbehagen und Beklemmung für den Künstler wie auch für das Publikum der sicherste Ratgeber sein könnte?
g.g.: Nein, ich glaube einfach, dass Sie, Herr Gould, sich entweder nie erlaubt haben -
G.G.: die Ego-Befriedigung zu genießen?
g.g.: – äh, was ich gerade sagen wollte, mit einem Publikum zu kommunizieren –
G.G.: – aus einer Machtposition heraus?
g.g. – aus einer Proszeniumskulisse, in der die nackte Tatsache Ihrer Menschlichkeit präsentiert wird, unbearbeitet und schmucklos.
G.G.: Wäre mir dann nicht wenigstens die Smoking-Camouflage erlaubt?
g.g.: Aber Herr Gould, wir wollen diesen Dialog doch nicht zu einem bloßen Geplänkel verkommen lassen.
G.G.: Ich dachte immer, dass der ideale Konzertsaal aus Managementsicht eine 2800-zu-1-Beziehung sei.
g.g.: Lassen wir die statistische Haarspalterei; ich wollte nur in aller Offenheit fragen -
G.G.: Na gut, dann will ich versuchen, ebenso zu antworten. Mir scheint, wenn wir uns auf das Zahlenspiel einlassen, muss ich mich für eine Null-zu-Eins-Beziehung zwischen Publikum und Künstler entscheiden, und da kommen dann moralische Bedenken ins Spiel. (Girard 1993).

Die Episode lässt die Zwiespältigkeit des Rollenspiels zutage treten, dessen sich der Akteur bewusst ist, es beobachtet, sich davon aber nicht zurückziehen kann. Da das Individuum in verschiedenen Kontexten die ihnen entsprechenden Funktionen wahrnimmt, spielt es eine Reihe verschiedener Rollen: strenge Mutter, hilfreiche Nachbarin, Stadtverordnete, Kollegin, Chefin, Frau, Hamburgerin, oder eben Musiker und Reporter. Manche solche statusbezogenen Rollen werden als solche bewusster präsentiert als andere, aber dass es das „nackte" Selbst, das alle Rollen abgelegt hat, gibt ist zweifelhaft, selbst wenn man sich dahin zurückzieht, wo keine ausdrückliche Darstellung vor einem gesellschaftlichen Publikum gefragt ist; denn da sie gesellschaftliche Wesen sind, streifen Menschen auch nicht alles ab, wenn sie allein sind.

Ob Frauen sich für Entblößung schämen müssen oder stolz darauf sein können, hängt von den Lebensumständen ab, davon, wo es geschieht und wer das Publikum ist. Scham und Stolz sind dementsprechend soziale Empfindungen. Das Selbst, das diese Empfindungen hat – das war Goffmans wichtigste Botschaft – existiert nicht an und für sich, sondern entfaltet sich jeweils in einer dargestellten Szene vor dem Hintergrund möglicher Sanktionen von Abweichungen, die kulturell geprägt sind. Ein in diesem Zusammenhang oft gemachter Unterschied ist der zwischen Schamkulturen und Schuldkulturen (Benedict 1948; Tangney und Dearing 2002; Geaney 2004). Schamkulturen findet man typischerweise in Ostasien, Schuldkulturen in Europa. In ersteren ist die angenommene Wahrnehmung der eigenen Person durch andere von zentraler Bedeutung: Wie sehen, was denken andere über mich? Und entspricht das den Normen, denen ich mich verpflichtet fühle? Im negativen Falle kann das nicht nur mein gesellschaftliches Ansehen schädigen, sondern auch das der Gruppe, der ich angehöre. Soziale Missbilligung ist rufschädigend und erzeugt Scham, Gesichtsverlust, wie es in solchen Kulturen heißt. Für die Aufrechterhaltung der allgemeinen Ordnung setzen Schuldkulturen demgegenüber auf die formal festgeschriebene Androhung von Strafen. Nicht: „Das gehört sich nicht." sondern: „Wer das tut, wird bestraft (bzw. muss zumindest damit rechnen)." Der Unterschied zwischen diesen beiden Arten von Kulturen ist nicht kategorisch, sondern graduell. Scham und Schuld gibt es in jeder Gesellschaft, aber Tendenzen, die als Mittel der sozialen Kontrolle Beschämung auf der einen Seite und Strafandrohung auf der anderen priorisieren, unterscheiden Kulturen dennoch voneinander.[9] Scham ergibt sich aus einer externen Orientierung an anderen, während Schuld sich in interner Orientierung an das Selbst richtet.

---

[9] So gibt es bspw. im Vereinigten Königreich pro Kopf der Bevölkerung 17-mal so viele Rechtsanwälte wie in Japan und in USA noch einmal ein Drittel mehr (Ramseyer & Rasmusen 2010). Das deutet darauf hin, dass Strafen und Strafverfahren in den beiden westlichen Ländern eine wesentlich wichtigere Rolle spielen (Schuld) als in Japan, wo man mehr auf sozialen Druck (Scham) setzt.

Im Unterschied zu individualistischen Kulturen der westlichen Welt, die das autonome, eigenverantwortliche Selbst betonen, beinhaltet der Begriff des Selbst in kollektivistischen Kulturen bspw. der konfuzianischen Tradition eine stärkere Interdependenz und damit auch Wandelbarkeit des Selbst (van Ess 2003). Denn die in dieser Kultur so wichtige Selbstkultivierung impliziert, dass das Selbst weniger als im europäischen Individualismus als beständig begriffen wird. Im Zen-Buddhismus ist die Überwindung des Ich ein wichtiges Ziel (s.u.), während die konformistische Ethik des Konfuzianismus Individualität der Orientierung an hergebrachten Modellen des Verhaltens und Denkens unterordnet. Das hat auch Konsequenzen für die Gegenüberstellung von Scham und Schuld, die im Westen, wie aus kulturpsychologischer Perspektive Wong und Tsai (2007) gezeigt haben, ausgeprägter ist als in den Kulturen Ostasiens, wo Scham als soziale Emotion der Verhaltensregulierung höher bewertet und gleichzeitig weniger scharf von Schuld unterschieden wird. Da das Gefühl der Scham u. a. hervorgerufen wird, wenn ein Aspekt der eigenen Person, eine Eigenschaft oder eine Handlung publik wird, die man lieber „für sich behalten" hätte, hat die kulturell unterschiedliche Bewertung bzw. gesellschaftliche Konstruktion von Scham und Schuld auch Implikationen für das Verständnis von Privatheit. Anders ausgedrückt, der Bereich dessen, was man für sich behalten will, ist kulturell variabel. Was beschämend ist, hängt von dem Kontext ab, in dem man sich bewegt, was strafbar ist, zum großen Teil auch; und wie sich das eine zum anderen verhält, ebenfalls.

Allgemein lässt sich sagen, Scham ist – vielleicht nicht nur, aber in hohem Maße – ein soziales Gefühl, das dadurch hervorgerufen wird, dass die Wahrnehmung der eigenen Person durch andere sich nicht mit der Person deckt, die man sein bzw. nach außen darstellen will. Scham kann eine Tugend sein – durch die Einhaltung und Bekräftigung von Normen des Anstands: schamlos, wer sich nicht danach richtet! Scham kann eine Schande sein, die zu Ansehensverlust (Verachtung) führt. Und Scham kann ein Gefühl der Angst sein – vor Erniedrigung: beschämend, peinlich. Man kann sich für eigene Taten schämen, auch wenn andere davon nichts wissen. Ohne gesellschaftlichen Normen ausgesetzt gewesen zu sein, die besagen, was schamlos, was unverschämt, was beschämend ist, wird das jedoch niemand tun. Nach ihnen richten sich Scham und

Schamlosigkeit. Meine moralische Wertschätzung meiner eigenen Person ermisst sich daran, was (ich denke, dass) andere von mir denken, über mich sagen (Kasabova 2017). Das sind nicht beliebige andere, sondern Mitglieder meiner Bezugsgruppe, die Tätowierungen gut oder schlecht finden, Nacktheit dulden oder verurteilen, und den das nackte Gesicht verhüllenden Schleier verteidigen oder ablehnen.

Selbstlos, Nicht-Selbst

Die Viel*schichtig*keit der Nacktheit des Menschen und seiner Haut als Hülle, Teil oder Leinwand der Darstellung des Selbst ist ein weites Feld. Viele weitere und detaillierte Analysen ihrer kulturanthropologischen Bedeutung finden sich in der umfangreichen Literatur dazu, z. B. bei Ruth Barcan (2004), die sich vor allem auf den umstrittenen Charakter der Nacktheit in westlichen Gesellschaften konzentriert. – Was das alles mit Privatheit zu tun hat? Nun, denken wir nur daran, dass in manchen Ländern bzw. Sprachen, namentlich in den in der Gegenwartskultur so einflussreichen anglofonen Ländern, Genitalien als „private Teile" (*private parts*) bezeichnet werden, ein Begriff, der einen unübersehbaren Zusammenhang herstellt. Die Bedeutung von Wörtern ist konventionell, weswegen sie als Indizien kultureller Besonderheiten nicht zu wichtig genommen werden sollten. Im gegebenen Fall geht es jedoch um „Teile", die nicht nur jeder hat, sondern die in jeder Gesellschaft Gegenstand durchaus unterschiedlicher moralischer, psychologischer, theologischer, sozialer und rechtlicher Vorstellungen des Menschseins sind. In vielen Kulturen werden sie mehr oder wenig gründlich verhüllt und wird ihre Verwendung im gegenseitigen Verkehr dem Blick Unbeteiligter entzogen. Dass nur sie, andere Körperteile aber nicht als „privat" bezeichnet werden, deutet auf einen bestimmten Moralkodex hin und auf eine Bedeutung des Begriffs, nämlich die körperliche Intimsphäre.

Der menschliche Körper, „mein Körper", die Diskussion des Habeas Corpus-Gesetzes im vorigen Kapitel hat es gezeigt, ist für die Autonomie der Person von größter Bedeutung. Im Kontext der europäischen Moderne bedarf das keiner weiteren Erklärung. Die zeitgenössischen Normen der Privatheit, so argumentierte schon Alan Westin (1967, S. 11 f.), sind „modern", obwohl manche sie zu Unrecht als quasi-natürliche Bedürfnisse von Menschen die in Gesellschaften leben, betrachten. Um das zu belegen, betrachtet Westin (1967) etliche Beispiele von modernen ebenso wie „primitiven" Gesellschaften (die man, als er schrieb, noch getrost so nennen konnte), wo die westlichen Normen weder bewundert noch akzeptiert werden. Wie wenig selbstverständlich diese sind, leuchtet unmittelbar ein, wenn man in Rechnung stellt, dass die indische Philosophie, wie sie im Hinduismus Ausdruck fand und davon abgeleitet im frühen Buddhismus, die Begriffe „mein" bzw. „mein Eigentum" ablehnte, vor allem wenn sie sich auf den Körper beziehen. In einem Vers der buddhistischen Gedichtsammlung *Theragatha* heißt es: „Törichte Menschen begreifen ihren Körper als ihr Eigentum" (Nakamura 1964, S. 91). Das sei ein Missverständnis, das auf der Verbundenheit mit dem eigenen Körper beruht. Angesichts der Vergänglichkeit, die unser Leben und die Welt der Dinge durchdringt, hat der Buddhismus Formen der Meditation entwickelt, die sich auf das Nichtvorhandensein eines dauerhaften Selbst konzentrieren (Macaro 2018, S. 25). Selbstlosigkeit ist in der westlichen Kultur ein markierter – sollte man sagen „unnatürlicher"? – Zustand, denn das Selbst steht im Zentrum der Existenz. Aber muss das so sein? Buddhisten und Hinduisten bestreiten nicht die Existenz eines Selbst, sozusagen für den täglichen Gebrauch bei der Kontrolle der eigenen Handlungen. Die Philosophie des Nicht-Selbst betonte jedoch, dass wir in Wirklichkeit eine Ansammlung sich stets verändernder Teile sind und lenkte den Blick – 2300 Jahre vor der Kernphysik – auf die Unbeständigkeit aller Materie. Die Verneinung des Selbst und die Betonung der Vergänglichkeit wurde zum gedanklichen Fundament des Buddhismus.

Manche Konzepte hat der Buddhismus vom Hinduismus übernommen und weiterentwickelt, sodass beide Lebenseinstellungen viele Übereinstimmungen aufweisen, speziell in Bezug auf die Seele (*Ātman*) bzw. das wahre Selbst. Obwohl du und ich, allem Anschein nach, verschiedene Wesen sind, ist das tatsächlich nur scheinbar so; denn mein Selbst unterscheidet sich nicht von deinem Selbst, und dein Selbst ist nicht etwas anderes als mein Selbst. Es gibt eine höchste, absolute Wirklichkeit, *Brahman*. Sie stellt die wahre Identität, das *Ātman*, jedes Wesens dar. Das Ziel ist es, alles, was nicht *Ātman* ist, insbesondere den Körper, nicht als etwas Eigenes zu betrachten, denn über dem individuelle Selbst steht das universelle Selbst. Dem allein muss man sich überlassen und jegliche körperliche Bindung verhindern bzw. auflösen, da eine solche und die Vorstellung von einem individuellen „Ich" zum *Karman* führen, nämlich zu der Notwendigkeit, Handlungen, die man in diesem Leben getätigt hat, im nächsten auszugleichen. Aus diesem Kreislauf der Wiedergeburt aber gilt es sich zu befreien, denn für Hinduisten und Buddhisten ist das Leben nach dem Tod kein Trost bzw. etwas Erstrebenswertes, sondern die Verlängerung von Leid, Ignoranz und Unglück. Die Lehre, dass man sich von der Bindung an den eigenen Körper schon zu Lebzeiten befreien kann, impliziert einen starken Kontrast zwischen indischen und westlichen Vorstellungen vom Selbst, der auch bezüglich des Verhältnisses von Selbst und Familie zum Tragen kommt.

Familienbande

Die Familie ist eine kollektive Einheit, die es in jeder Gesellschaft gibt und „den Menschen wirklich vom Tier unterscheidet" (Lévi-Strauss 1949, 1983). Wie die Beziehungen, auf denen sie beruht, ausgestaltet werden, ist daher, nämlich weil sie nicht natürlich ist, analog zur Selbstdarstellung im Goodmanschen Sinne sehr unterschiedlich. Stammfamilie, Großfamilie, Einelternfamilie, Pflegefamilie, Patchworkfamilie, ménage à trois, polygame Familie, und Adoptivfamilie sind nur einige Familientypen. Sozioökonomische Entwicklungen, Traditionen und ideologische Strömungen wirken sich auf ihre gesellschaftlichen Funktionen aus. Im gegebenen Kontext können wir uns damit nicht ausführlich befassen. Die Familie ist hier nur von Interesse, weil sie ein Rahmen der Privatsphäre ist, wobei auch das keine von Geschichte und Kultur unabhängige Konstante ist. Noch bedeutet es, dass das Private auf die Familie beschränkt ist, oder dass die Familie nur privat ist.

Vor nur etwas mehr als drei Jahrzehnten kursierte in der Soziologie der Begriff „Privatismus", um die Tendenz in westlichen Gesellschaften zu beschreiben, dass Menschen ihr Leben immer weniger in der Öffentlichkeit und mehr in der Abgeschiedenheit der Familie führen (Saunders 1990). Aber während die bürgerliche Familie der Industriegesellschaft in diesem Sinne der Inbegriff von Privatsphäre war und für viele noch immer ist, beobachten Soziologen in der Familie auch eine „wachsende Verschränkung von Öffentlichkeit und Privatheit" (Schneider 2002, S. 388) und bezeichnen die Gleichsetzung von Familie und Privatheit in der Familienforschung als einen Fehler (Burkart 2002, S. 397).

Wenn das Verhältnis von öffentlichen und privaten Aspekten der Familie in westlichen Gesellschaften in einem sehr beschränkten Zeitrahmen so unterschiedlich gesehen wird, kann es nicht verwundern, wenn andere Kulturen diesem Verhältnis ihre eigene Form geben. Welchen Grad an Privatheit beanspruchen Familienhaushalte nach außen? Welchen Grad an Autonomie und Privatheit gestehen sie ihren Mitgliedern nach innen zu? Das sind wichtige Fragen des Kulturvergleichs der Familie, der ihre Vielgestaltigkeit erkennen lässt. So bemerkt etwa Martha Nussbaum, dass „jeder amerikanische Besucher Indiens irgendwann das Verlangen nach ‚einem eigenen Zimmer' verspüren und das Gefühl haben wird, dass diese Kultur seltsam ist, da in ihr persönliche Zurückgezogenheit keine Rolle spielt – etwas, das nicht ganz zu Unrecht mit dem Namen ‚Privatheit' bezeichnet wird" (Nussbaum 2000). Eine Beschreibung der Familie aus indischer Sicht bestätigt das:

> Die Familie ist eine besondere Institution, die zugleich privaten und öffentlichen Charakter hat. Sie schwankt in den verschiedenen Kontexten zwischen höchster Intimität und größter Öffentlichkeit. Auch ist die Familie als Institution allgegenwärtig. Jeder lebt die meiste Zeit seines Lebens in einer Familie. Die „joint family" ist das Rückgrat der indischen Gesellschaft [...] im Grunde ein Zusammenschluss von zwei oder mehr Kleinfamilien (Varayilan 2016, S. 58).

Speziell im Hinblick auf Privatheit im virtuellen Raum ergänzt Aroon Deep:

> Wir sind ein Land der joint families, wo Cousins und Cousinen unter einem Dach leben und als Geschwister aufwachsen und ein Zimmer für sich allein zu haben, ein seltenes Privileg ist. Einer Privatsphäre erfreuten sich Inder noch nie; daher hat sie nicht so hohe Priorität wie beispielsweise für Amerikaner, die zumeist in Kleinfamilien leben (Deep 2017).

Der Begriff der Privatheit selber ist im indischen Kontext relativ neu und nicht leicht einzuordnen. So ist z. B. der Hindi-Terminus für Privatheit *gopanīyatā* (गोपनीयता) nicht eindeutig positiv oder negativ besetzt, denn er kann sowohl ‚Vertraulichkeit' als auch ‚Verheimlichung' bedeuten, und Vorstellungen davon, welche Art von Information der Privatsphäre vorbehalten bleiben sollte, sind vage. Auch in Indien gewinnt Privatheit jedoch an Bedeutung. In deutlicher Anlehnung an im Westen gesetzte Maßstäbe entschied der dortige Oberste Gerichtshof 2017, dass das Recht auf Privatsphäre gemäß den Artikeln 14, 19 und 21 der Verfassung Indiens als Grundrecht geschützt ist.[10] Wie diese Entscheidung umgesetzt wird, muss sich zeigen, denn wenn sie nicht nur im psychologischen Sinn verstanden wird, braucht private Zurückgezogenheit Platz, woran sich deutlich zeigt, dass kulturelle Aspekte der Privatheit mit sozioökonomischen interagieren. Dass einzelne Familienmitglieder ein eigenes Zimmer haben, ist in vielen Teilen Indiens nach wie vor die Ausnahme, was nicht so bemerkenswert ist, wenn wir uns vergegenwärtigen, dass das Schlafzimmer auch in Europa keine sehr alte Geschichte hat. Heute gilt es als einer der privaten Räume eines Hauses, wo die Bewohner „ihre wahre Persönlichkeit" enthüllen und zu der nur sie Zutritt haben. Diese „Privatisierung" der Schlafstätte und der Schlafsitten ging mit einer markanten Kulturveränderung einher, die Norbert Elias als Prozess der Zivilisation beschrieb.

> Erst wenn man sieht, wie selbstverständlich es dem Mittelalter erschien, daß fremde Menschen, daß Kinder und Erwachsene ihr Bett miteinander teilten, kann man ermessen, welche tiefgreifende Veränderung der zwischenmenschlichen Beziehungen in unserer Lebensordnung zum Ausdruck kommt (Elias 1939, Bd.1, S. 230).

In dieser Lebensordnung für das Schlafen einen eigenen Raum bereitzustellen, konnten sich bis weit in die Neuzeit hinein in Europa nur die oberen Schichten leisten (Flanders 2014), und in anderen Teilen der Welt ist das nach wie vor so. Die Wohnfläche pro Kopf variiert kulturell, aber vor allem mit dem wirtschaftlichen Entwicklungsniveau. Die durch-

---

[10] Writ Petition (Civil) No 494 of 2012; (2017) 10 SCC 1; AIR 2017 SC 4161.

schnittliche Größe von Wohnungen in Australien beträgt 214 m², in USA 201 m², verglichen mit 60 m² in China und 47 m² in Indien.[11] Im Norden Sri Lankas waren die Häuser in den 1990er- Jahren, wie Anuk Arudpragasam (2021, S. 210) sie beschreibt, „einfach und schmucklos, die größeren Betonhäuser hatten eine Küche und ein oder zwei Zimmer, die kleineren in Lehmwänden und Strohdach nicht mehr als einen einzigen Mehrzweckraum." Dass räumliche Unterschiede Einfluss auf das Verständnis von Privatheit haben können, ist keine abwegige Hypothese, auch wenn nicht bekannt ist, wie dieser Faktor mit anderen interagiert. Deutlich ist, dass die Maßstäbe dafür, was privat und somit schützenswert ist, variabel sind und durch notwendigerweise allgemein gehaltene Gesetze nicht vereinheitlicht werden, ein Thema, das uns in Kap. 4 noch beschäftigen wird. Sie sind sowohl individuell als auch kulturell variabel. Im Laufe der Zeit ändern sie sich überall, gelegentlich auch im rechtlichen Sinne, wenn man z. B. daran denkt, dass in den 2000er-Jahren in etlichen europäischen Ländern die gleichgeschlechtliche Eheschließung legalisiert wurde, während das in den meisten Ländern Asiens und Afrikas weiterhin nicht der Fall ist.[12] Was das hier und dort für das Verständnis von Privatheit impliziert, ist schwer zu sagen, denn darauf wirken sich auch andere Faktoren aus, insbesondere wirtschaftliche und technische Entwicklungen, relativer Wohlstand und Urbanisierung (unterschiedliche Lebensformen in der Stadt und auf dem Land).

Die „Joint Family" oder „ungeteilte Familie" ist in Indien ein Rechtsbegriff, der u. a. bedeutet, dass eine solche Familie eine juristische Person sein kann. Sie besteht aus mindestens drei unter einem Dach lebenden Generationen, deren Mitglieder ein starkes Netzwerk verwandtschaftlicher Bindung und gleichzeitig eine ökonomische Interessengemeinschaft bilden. Zugehörigkeit, Arbeitsteilung und die Befolgung von Regeln stehen dabei mehr im Vordergrund als Privatheit im Sinne von individueller Abgeschiedenheit und Schutz vor Einmischung. Insbesondere innerhalb der Familie hat die Privatsphäre der einzelnen Person keinen

---

[11] Lindsay Wilson. How Big is a House? Average House Size by Country – 2023. https://shrinkthatfootprint.com/how-big-is-a-house/.
[12] So hat bspw. das oberste Gericht Indiens die gleichgeschlechtliche Ehe 2023 für illegal erklärte. S. https://www.hrc.org/resources/marriage-equality-around-the-world.

hohen Stellenwert. Historisch gesehen entspricht das der Tendenz der antiken indischen Kultur, „eher die relationale Bedeutung einer Sache zu betonen als ihre Einzigartigkeit, also das Individuelle zu ignorieren" (Nakamura 1964, S. 61).

Die Familie ist von alters her auch im konfuzianischen Kulturkreis von zentraler Bedeutung. Das höchste moralische Gebot und die wichtigste Tugend im Konfuzianismus waren immer Mitmenschlichkeit und kindliche Pietät, also Gehorsam, Respekt, Sorgepflicht für Kinder und Eltern und Ahnenkult. Darüber hinaus galt die patrilineare und patriarchische Großfamilie (drei Generationen ggf. zuzüglich Gesindepersonal) in China als Ordnungsmodell für Gesellschaft und Staat (Linck 1988, S. 81). Indem sie für die Aufrechterhaltung der Moral sorgte und erzieherische und karitative Aufgaben erfüllte, war sie nicht nur Analogie, sondern tragende Säule des Staates. Die Funktion als Rückzugsraum des Einzelnen bzw. Privatsphäre stand in der chinesischen Familie nie im Mittelpunkt. Wichtiger war, dass „sich in allen Lebensbereichen der Gesellschaft ‚Familienbeziehungen' breitmachten, eigneten sie sich doch in hervorragender Weise dazu, die soziale Hierarchie zu legitimieren und abzusichern" (Linck 1988, S. 85). Die staatstragende Funktion der Familie war im Laufe der Jahrhunderte vielfachem Wandel unterzogen und wurde in der Moderne zunächst durch die maoistische, zurecht so genannte Kulturrevolution und dann durch die Ein-Kind-Politik der 1980er-Jahre erschüttert. Eine Novellierung des Ehegesetzes 2001 bekräftigte jedoch wieder das traditionelle Modell, da die hergebrachten Solidaritätsbande der Familie für die Lösung der anstehenden sozialen Probleme unverzichtbar sind. Die Familie ist nach wie vor oder besser gesagt, nach den turbulenten post-revolutionären Jahrzehnten wieder, die wichtigste gesellschaftliche Einheit Chinas, obwohl der drastische Geburtenrückgang sie strukturell verändert hat. Eine ohne Geschwister aufgewachsene Generation hat die Gesellschaft individualistischer gemacht, dadurch jedoch nicht die traditionell kollektivistische Orientierung außer Kraft gesetzt. Individualismus und Kollektivismus miteinander zu vereinbaren, ist heute eine intellektuelle Herausforderung, aber die Verpflichtung des Individuums gegenüber der Familie und die derselben gegenüber dem Staat bleiben Schlüsselelemente des chinesischen Gesellschaftsverständnisses. Daraus ergibt sich ein Zusammenwirken von Individuum, Familie und Staat, das sich in wichtigen Punkten von diesbezüglichen westlichen Auffassungen unterscheidet (Raymo et al. 2015).

Japans Weg in die Moderne war anders als der Chinas, und die politischen Entwicklungen beider Länder im zwanzigsten Jahrhundert unterschieden sich sehr stark. Aber auch in Japan ist das kollektivistische konfuzianische Erbe, das Harmonie über individuelle Autonomie, die Gruppe über den Einzelnen stellt und Pietät, Einheit und Gehorsam als Charakteristikum der Familie betont, noch immer erkennbar. Wie Yamazaki es beschreibt, „prägt ein familiäres Ethos, das in anderen Ländern nicht zu findenden ist, Organisationsstruktur, Management und Arbeitsweise von Unternehmen und staatlichen Behörden, die den Kern der modernen japanischen Gesellschaft ausmachen" (Yamazaki 1994, S. 69 f.). Die japanische Familie, *Ie* [*ka*[13]], bzw. besser: der Haushalt, da auch nicht verwandte und angeheiratete Personen dazugehören können, hatte bis zur Verfassungsreform von 1947 auch gesetzlichen Status, insofern als dass die meisten zivil- und strafrechtlichen Angelegenheiten eher Familien als Einzelpersonen betrafen, was wichtige Implikationen für die Stellung des Einzelnen vor dem Gesetz hatte.[14] Ochiai (2000, S. 105) bezeichnet die japanische traditionelle Familie als „Prototyp der gesellschaftlichen Organisation Japans" und weist gleichzeitig auf ihre Ideologisierung im Zuge von Japans Modernisierung seit Mitte des 19. Jahrhunderts hin, als die herrschende Elite den Staat der Bevölkerung im konfuzianischen Sinne als große Familie mit dem Kaiser als Oberhaupt präsentierte. Das hat sich auch terminologisch niedergeschlagen, indem man in dieser Zeit auf einen alten chinesischen Begriff als Übersetzung von englisch *state* zurückgriff, auf Japanisch *kokka*. Dieser Terminus, der auch heute Staat bedeutet, setzt sich aus *koku*, ‚Land', und *ka*, ‚Familie' zusammen. Tatsächlich wurde die Familie zu einem nationalen Symbol hochstilisiert und dann, nach der Niederlage im Pazifischen Krieg, als autoritäre und antidemokratische Struktur kritisiert, die Japan in den

---

[13] Gleich geschrieben, 家, mit einer japanischen und einer sinojapanischen Lesart.

[14] „Vor dem Zweiten Weltkrieg war die Familie und nicht der Einzelne die wichtigste Einheit der japanischen Gesellschaft, und innerhalb der Familiengruppe war das Verhältnis eines Mitglieds zum anderen von Ungleichheit geprägt" (Watanabe 1963, S. 364).

Krieg geführt hatte.[15] Beides wäre jedoch nicht möglich gewesen, hätten konfuzianische Vorstellungen von der Familie nicht einen prägenden Einfluss auf die japanische Gesellschaft und das implizite japanische Selbstverständnis gehabt. Trotz historischen Wandels bezüglich Größe, Struktur, Geschlechterverhältnis und ideologischer Einbettung ist das konfuzianische Erbe heute noch spürbar (Garon 2010). Staat und Familie sind in dieser kulturellen Tradition konzeptuell enger miteinander verbunden als in westlichen Ländern, weswegen die Familie auch als Privatsphäre eine andere Bedeutung hat. Zwar wurde im Zuge der Modernisierung aus dem Englischen das Lehnwort *puraibashī* (< *privacy*) übernommen, aber das ist so etwas wie das modische „Diversität" (< *diversity*) statt „Vielfalt" im Deutschen und sollte nicht den Blick darauf verstellen, dass es schon lange ein reiches Vokabular für die Privatsphäre gab. In Japan, wo in Bezug auf die Familie der Abgrenzung von „innen" und „außen" große Bedeutung beigemessen wird, schlägt sich das in einem ausgeprägten Sinn für Informationsprivatheit nieder. „Im Japanischen gibt es nicht nur ein Wort für den Begriff der Privatheit, sondern eine Vielzahl nuancierter Wörter, die Akzeptanz oder Unzulässigkeit der Verwendung und Verbreitung von Informationen, speziell persönlichen Informationen, beschreiben" (Adams et al. 2009, S. 328).

Wenn der Staat ordnungsgemäß funktioniert, sind Konfuzianer, wie C. B. Whitman es beschrieb, tendenziell bereit, auf einen Raum für individuelle moralische Entscheidungen, die sich von denen der Gesellschaft unterscheiden, zu verzichten. Somit „sind konfuzianische Ansichten mit der Überzeugung unvereinbar, dass Freiheit von staatlicher Überwachung wünschenswert ist" (Whitman 1985, S. 93), denn Vertrauen auf die vom Staat gesteuerte moralische Bildung ist wichtiger als das Gesetz.[16] Das gilt heute für China weniger als zum Zeitpunkt der Gründung der Volksrepublik und in Japan in noch viel geringerem Maße, unterstreicht aber die Bedeutung der Frage nach der kulturellen Variabilität von Einstellungen

---

[15] Nach dem Krieg stellte das Erziehungsministerium einen Ratgeber für die Bildung zusammen, in dem die Grundwerte des Zusammenlebens erläutert und propagiert wurde, darunter auch die Würde des einzelnen bzw. Individualität (*kosei*) (Inoue 2001, S. 120 f.).

[16] Das kommt u. a. darin zum Ausdruck, dass das Vertrauen in den Staat in China höher ist als in allen westlichen Ländern oder auch Japan. Cf. Trust in government worldwide. Statista: https://www.statista.com/statistics/1362804/trust-government-world/.

zu Privatheit und die, welche Rolle der Staat diesbezüglich spielt, denn die digitale Wende hat Privatheit rund um den Globus zu einem Thema gemacht, das Aufmerksamkeit heischt. Werden die neuen Kommunikationstechnologien kulturelle Unterschiede nivellieren, oder wirken sich dieselben unterschwellig darauf aus, wie Gesellschaften auf diese Transformation reagieren? Empirische Befunde (s.u.) deuten bisher eher auf den Fortbestand kultureller Unterschiede hin, obwohl es zweifellos kulturgrenzen-überschreitende Anpassungsprozesse gibt.

So ändern sich gesetzliche Normen und gesellschaftliche Vorstellungen von Privatheit wie in Indien auch in China. Ein 2021 verabschiedetes Gesetz zum Schutz personenbezogener Daten hat persönliche Rechte und den Informationsschutz gestärkt. Staatliche Behörden müssen bei der Erhebung und Nutzung personenbezogener Daten festgelegte Standards einhalten. Gleichzeitig hat die Gesetzgebung den Staat in die Lage versetzt, im Interesse des Aufbaus eines öffentlichen Sicherheitssystems für ein „friedliches China" die Kameraabdeckung öffentlicher Räume zu erweitern und online geäußerte Meinungen zu überwachen. Diese Entwicklungen, das oben skizzierte traditionelle Verständnis von Staat und Familie sowie die Tatsache, dass der chinesische Terminus für Privatsphäre, *yīnsī* (隐私), mit einem Wort für ‚Geheimnis', *yīnsī* (阴私) homonym ist, verzögerten die Verbreitung des Begriffs, der inzwischen aber fest etabliert ist (Drinhausen 2023). In offiziellen Dokumenten, darauf weist Drinhausen ebenfalls hin, wird die Anerkennung eines eigenständigen individuellen Rechts auf Privatsphäre jedoch nur selten erwähnt.

Privatsphäre in individualistischen und kollektivistischen Kulturen

Die Kulturen Indiens, Chinas und Japans unterscheiden sich erheblich voneinander, werden aber zum Zwecke des Vergleichs alle drei als Beispiele kollektivistischer Kulturen oft den individualistischen Kulturen der westlichen Welt gegenübergestellt. Die Familie als Verkörperung und Instanz der Vermittlung von Normen und Werten spielt dabei, wie oben gezeigt, eine Schlüsselrolle. Auf ihrer Grundlage und im Zusammenhang mit sozioökonomischen bzw. materiellen Rahmenbedingungen des Zusammenlebens entwickelt sich eine Privatsphäre. Wie wirken sich die damit in Zusammenhang stehenden Eigenheiten individualistischer und kollektivistischer Kulturen auf andere Domänen des gesellschaftlichen Lebens aus?

Um dieser Frage nachzugehen, können Individualismus und Kollektivismus als ideologische Grundlagen politischer Systeme betrachtet werden. Hier soll sich das Augenmerk aber mehr auf Moral und psychische Einstellungen richten, die sich allerdings durchaus auf das sozioökonomische System auswirken können. So konstatiert etwa C. B. Whitman (1985, S. 98), dass „die Privatsphäre für uns, im Westen, letztendlich durch eine Art radikale Selbstsucht gerechtfertigt ist." Das bedeutet, dass Selbstverwirklichung in individualistischen Kulturen über dem Wohl der Gruppe steht, während es in kollektivistischen Kulturen, wo die Beziehungen zu Gruppenmitgliedern und die Vernetzung mit anderen Menschen Vorrang haben, umgekehrt ist (Triandis 1995).

Interkulturelle Vergleiche

Individualistische Gesellschaftsmodelle inklusive der Wertschätzung einer Privatsphäre entstanden zuerst in Europa, was oft als Ursache des historischen Entwicklungsvorsprungs der westlichen Welt angeführt wird (Assman und Ehrl 2021). Folgt daraus, dass die Privatsphäre in individualistischen Gesellschaften besser geschützt ist als in kollektivistischen? Dafür, dass sich diese Frage nicht so einfach beantworten lässt, gibt es mehrere Gründe. Erstens verläuft zwischen beiden Arten von Gesellschaften keine scharfe Trennlinie. Es gibt mehr oder weniger kollektivistische und individualistische Gesellschaften. So, wie sich die kollektivistischen Kulturen Asiens voneinander unterscheiden, sind auch die individualistischen Kulturen des Westens bezüglich Privatheit nicht deckungsgleich. Während in Europa die Würde des Einzelnen im Mittelpunkt steht, wird in den USA die Freiheit von staatlichen Eingriffen stärker betont (J. Q. Whitman 2004). Zweitens beinhaltet die Privatsphäre nicht überall dasselbe. Drittens unterscheiden sich Gesellschaften bezüglich vieler Eigenschaften, die scheinbar nichts mit Privatsphäre zu tun haben, es aber direkt oder indirekt doch haben wie z. B. Medianalter, Bildung oder BIP pro Kopf. Ob man tatsächlich das vergleicht, was man vergleichen will, lässt sich oft nicht mit Sicherheit sagen, weswegen die genannte Frage bezüglich des Schutzes der Privatsphäre in individualistischen und kollektivistischen Kulturen in dieser Allgemeinheit schwer zu beantworten ist.

Einerseits konnte eine umfangreiche Studie zu 35 als individualistisch bzw. kollektivistisch klassifizierten Ländern die Auswirkungen kultureller Eigenschaften, insbesondere Loyalität und Gruppenzugehörigkeit, auf die Datenschutzgesetzgebung und andere Rechtsmittel zum Schutz der Privatsphäre aufzeigen (Cockcroft, Rekker 2016). Und Vergleichsstudien zwischen einzelnen Ländern (Fleming et al. 2021), hier Indien und USA, ergaben, dass dem Schutz privater Daten in kollektivistischen Ländern mehr Aufmerksamkeit geschenkt wird als in individualistischen. Andererseits hat die empirische Erforschung des kulturellen Einflusses auf Datenschutzverhalten und Privatheit auch gezeigt, dass diese kulturellen Dimensionen nicht unbedingt invariant sind, sondern je nach Land unterschiedliche Auswirkungen haben können, was statistische Vergleiche zwischen Ländern problematisch macht (Ghaiumy et al. 2021).

Einfacher als kulturelle Einstellungen bzw. Konstrukte lassen sich manche materiellen Dimensionen vergleichen, von denen angenommen werden kann, dass sie etwas mit dem Schutz der Privatheit zu tun haben, z. B. Überwachungskameras. So hat etwa die *tooltester*-Webseite einen Ländervergleich erarbeitet, der zeigt, in welchen Ländern die Bürger am meisten von Kameras überwacht werden. Dass China bei diesem Index auf Platz eins kommt, entspricht vermutlich den Erwartungen vieler. „Überraschender ist vielleicht, wer den zweiten Platz belegt, nämlich der Anführer der freien Welt, die Vereinigten Staaten."[17] Rund 200 Mio. Überwachungskameras in China, rund 50 Mio. in USA,[18] wenn man berücksichtigt, dass die Bevölkerung Chinas ca. 4,2-mal so groß ist wie die der USA, liegen die Werte nicht weit auseinander. China kollektivistisch,

---

[17] https://www.tooltester.com/en/blog/the-worlds-most-surveilled-countries/.
[18] Steve White 2023. CCTV Cameras by Countries & Cities (2023 Guide). https://upcomingsecurity.co.uk/security-guides/cctv-camera-guides/cctv-by-country/.

USA individualistisch – hat das in diesem Zusammenhang irgendeine Bedeutung? Sicher nicht, und wenn man weiß, dass die zehn Länder mit den wenigsten Überwachungskameras pro Einwohner alle in Afrika sind (White 2023), wird man auch eher an verfügbare Haushaltsmittel denken als an kulturelle Orientierungen bezüglich der Privatsphäre. Nach Berechnungen eines niederländischen VPN-Anbieters waren 2022 weltweit die Städte mit der größten Dichte von Überwachungskameras Chennai, London und New York (Surfshark 2022). Soviel nur zur Illustration der Schwierigkeiten, Variablen zu isolieren. Trotzdem gelten China und die USA sowohl nach allgemeiner Meinung als auch für die Forschung als prototypische Beispiele kollektivistischer bzw. individualistischer Kulturen.

Ein anderer methodischer Ansatz, um kulturelle Unterschiede bezüglich der Regulierung und Abgrenzung der Privatsphäre zu ermitteln, besteht in repräsentativen Erhebungen und Verhaltensbeobachtung. Seit die digitale Wende die herkömmliche Scheidung von öffentlich und privat auf den Prüfstand stellt (Kasabova 2017, S. 108) und u. a. damit den Schutz der Privatsphäre überall zu einem wichtigen Thema gemacht hat, wird auch vermehrt empirische Forschung dazu betrieben, die ihren Niederschlag in einer umfangreichen Literatur von Artikeln, Büchern und neuen Zeitschriften gefunden hat. Untersucht werden dabei, wie oben schon erwähnt, kulturelle Unterschiede im Umgang mit persönlichen Daten, Verhalten in sozialen Netzwerken, Selbstdarstellung bzw. Preisgabe persönlicher Eigenheiten auf Internetplattformen, Kaufverhalten online, Sicherheitsverhalten, Bewertung von Gesichtserkennungssystemen und vieles mehr (Bélanger und Crossler 2011; Knijnenburg et al. 2022). Unterschiede zwischen individualistischen und kollektivistischen Kulturen im Verhalten und Selbstverständnis von Internetnutzer sind dabei wiederholt zutage getreten, die jedoch nicht immer den Erwartungen entsprechen. So sind z. B. stark kollektivistisch orientierte Nutzer und Nutzerinnen beim Teilen von Informationen mit Mitgliedern derselben sozialen Netzwerkgruppen tendenziell vorsichtiger als individualistisch orientierte Nutzer und Nutzerinnen (Li 2022). Managementstrategien für den Schutz privater Daten unterscheiden sich ebenfalls. Korrektur- und Informationskontrolle zur Verhinderung der Verletzung der Privatsphäre auf individueller Ebene wird in individualistischen Ländern bevorzugt, während in kollektivistischen Ländern häufiger Strategien zum Datenschutz auf Gruppenebene angewandt werden. Das könnte daran liegen, argumentiert Li (2022), „dass kollektivistische Kulturen dem Wohl des Kollektivs großen Wert beimessen." Sie verweist dabei außerdem explizit auf kollektivistische Kulturen wie China und Indien, wo Menschen der Erhebung personenbezogener Daten durch staatliche Institutionen weniger ablehnend gegenüberstehen als in individualistischen Kulturen wie Canada und USA.

Die Herausbildung neuer Verhaltensnormen für den virtuellen Raum ist noch nicht abgeschlossen. Die Wahrnehmungen von Privatsphäre und Regulierungspraktiken mit ihren kulturellen Werten und Normen beeinflussen diesen Prozess. Ein bisher nicht erwähnter Aspekt ist, dass es dabei einerseits um die Privatsphäre des Individuums und andererseits um die der Gruppe geht, was besonders für den interkulturellen Vergleich von Verhalten in sozialen Netzwerken wichtig ist. So hat eine Studie gezeigt, dass Teilnehmer europäischer Länder mit ihren Profilinformationen zurückhaltender waren als solche in USA und China und mehr Datenschutzeinstellungen nutzten, um ihre Privatsphäre zu schützen (Trepte und Masur 2016). Das deutet wiederum darauf hin, dass kollektivistische und individualistische Kulturen nicht bezüglich aller relevanten Variablen so voneinander geschieden sind, wie es Stereotype von Ost und West nahelegen. Festzuhalten bleibt, dass verschiedene Kulturen unterschiedliche Präferenzen bezüglich des Informationsaustauschs haben.

Die Trennung zwischen öffentlich und privat betraf im Industriezeitalter der Moderne wesentlich die Rolle des Staates, vor dessen Überwachung und Kontrolle sich Individuen ebenso wie Gruppen schützen wollten. Dieses Verständnis von Privatheit wurzelte in liberalen Idealen, die die Rolle des Privateigentums und das Streben nach Selbstbestimmung beinhalteten (Austin 2012, S. 34) und für westliche Kulturen, insbesondere die der USA charakteristischer waren als für östliche. So stellt beispielsweise der japanische Psychologe Doi Takeo fest, dass „persönliche Privatheit nur wenn sie von öffentlichen Institutionen geschützt wird, privat ist. Ohne Institutionen wird die Privatsphäre, egal wie sehr sie sich ausdehnt, tatsächlich nach außen preisgegeben und letztlich angegriffen" (Doi 1985, S. 81). Der Staat wird auch heute nicht als Bedrohung der Privatsphäre betrachtet. Die Lage hat sich im digitalen Zeitalter der Postmoderne insofern geändert, als neben den Staat als Beschützer oder Bedrohung der Privatsphäre profitorientierte Unternehmen getreten sind. Kulturelle Unterschiede gibt es nach wie vor, aber ob es vorzuziehen ist, die eigene Privatsphäre, zum Beispiel, Google oder, zum Beispiel, dem chinesischen Staat oder, zum Beispiel, dem amerikanischen Geheimdienst NSA für ihre Zwecke zu überlassen, wird immer mehr zur Geschmackssache bzw. ideologischen Neigung, ohne dass es faktisch einen großen Unterschied macht.

Dialektik der Technik

Wie in den vorausgegangenen Abschnitten deutlich geworden ist, gibt es auf die eine oder andere Weise in den meisten Gesellschaften Sphären für Individuen und Gruppen, deren Gestaltung durch Normen für Abgrenzung bzw. sozialen Abstand und ihren Schutz kulturell geprägt ist. In der westlichen Moderne, die auf dem Boden der Transformation des Gemeinguts in Privateigentum entstand und eine individualistische Schuldkultur entstehen ließ, wurde der Schutz der Privatsphäre als Abschirmung gegenüber Überwachung und Eingriff durch staatliche, gesellschaftliche und kirchliche Autoritäten zu einem zentralen moralischen Wert, der mit Freiheit, Menschenwürde und Demokratie verflochten wurde. Wie hoch dieser Wert auch geschätzt wurde, gegenläufige Tendenzen verhinderte er nicht, nämlich dass „der moderne Staat mit seinen militärischen, technologischen und propagandistischen Fähigkeiten eine orwellsche Kontrolle des Lebens schuf und aufrechterhielt" (Westin 1967, S. 21).

Um die Privatsphäre zu schützen, wurde mit diesen militärischen, technologischen und propagandistischen Fähigkeiten vielfach in die Privatsphären von Individuen und Gruppen – Parteien, Vereine, Clubs, etc. – eingegriffen. Dass man zerstören muss, was man schützen will, betrachteten diejenigen, die das taten, nicht unbedingt als Widerspruch. Das war vor einem halben Jahrhundert, als Informationstechnik und Computerwissenschaften noch in den Kinderschuhen steckten. Viel schneller als frühere technologische Entwicklungen hat die Digitalisierung die Welt verändert, über alle kulturellen Grenzen hinweg. Als eine Ironie der Geschichte, die das dialektische Verhältnis von Technik und

Privatheit verkörpert, wird die Privatsphäre heute eben dort neu definiert – um nicht zu sagen, an den Nagel gehängt – wo sie bis vor nicht langer Zeit am intensivsten kultiviert und als Wert hochgehalten wurde, in der liberaldemokratischen Kultur der Vereinigten Staaten, wo Widerstand gegen staatliche Überwachung und Offenlegung persönlicher Angelegenheiten immer als Grundrechte betrachtet wurden.

Wir haben hier nur einige wenige Kulturen auf ihr Verhältnis zu Privatheit hin betrachtet. Es gibt viele andere, die sich in Bezug auf die angesprochenen Variablen, Schuld und Scham, das Verhältnis von Individuum und Gruppe sowie der sozialen Konstitution der Familie in vielen Details unterscheiden. Im gegebenen Zusammenhang müssen jedoch grobe Striche und schablonenhafte Kontraste zwischen West und Ost genügen, um zu zeigen, dass der Begriff des Privaten und der Wert der Privatsphäre kulturell geprägt sind. Es ist zu erwarten, dass beide sich auch weiterhin verändern werden, wobei die Technik ein großer Wirkungsfaktor sein wird. Wird sie kulturelle Unterschiede aufweichen? Erleben wir gerade die Entstehung einer digitalen Weltkultur? Da neben dem durch und durch westlich geprägten Silicon Valley Kaliforniens inzwischen in Südchina das Silicon Valley Shenzhens entstanden ist, werden die geschriebenen und ungeschriebenen Gesetze des Umgangs mit und gesellschaftlichen Verhaltens zu neuen Technologien nicht mehr nur im Westen formuliert. Das gilt es heute zu beachten, wenn wir die gesellschaftlichen Dimensionen der Privatheit im realen und virtuellen Raum begreifen wollen. Tik Tok.

4

Gesellschaft

> *Das Gefühl der Privatsphäre selbst, des Bereichs persönlicher Beziehungen als etwas Eigenes, Heiliges ist kaum älter als die Renaissance. Aber ihr Niedergang würde den Tod einer Zivilisation, einer ganzen moralischen Anschauung bedeuten.*
> Berlin ([1958] 1969, S. 176)
> *Big Data untergräbt die Privatsphäre und bedroht die Freiheit.*
> Mayer-Schönberger, Cukier (2013, S. 163)

Selbst ein kleiner, kursorischer Blick auf das Zusammenleben in anderen Teilen der Welt, wie der im vorigen Kapitel, lässt erkennen, dass Begriffe von Privatheit in verschiedenen Kulturen abhängig von Moralvorstellungen, ökonomischen Verhältnissen und Formen und Institutionen der Vergesellschaftung sehr unterschiedliche Bedeutungen haben können. Eine Definition von Privatheit haben wir deshalb bisher vermieden, da die Prozesse, die Individuen in Kollektive integrieren und das Individuelle vom

Kollektiven abgrenzen, kulturell geprägt sind. Die Gegenüberstellung kollektivistischer und individualistischer Kulturen hat überdies gezeigt, dass zwischen privat und nicht-privat keine undurchdringliche Trennwand stehen muss, sondern Überschneidungen und kontextabhängige Verschiebungen das Verhältnis zwischen beiden bestimmen können. Wenn wir nun den Blick auf heutige westliche Gesellschaften richten und auf die reiche Literatur über Privatheit, wird zweierlei unmittelbar deutlich. Erstens wird die Ausformung einer gesellschaftlichen Privatsphäre wie die der individuellen Autonomie weithin als ein Kennzeichen der Moderne begriffen, was auch aus dem obigen Zitat von Isaiah Berlin hervorgeht. Im Unterschied zur europäischen mittelalterlichen Ständegesellschaft ist die moderne Gesellschaft dynamischer, institutionell differenzierter, arbeitsteiliger und öffnet mehr Raum für individuelle Selbstbestimmung in Bezug auf Lebensunterhalt, die Gestaltung sozialer Beziehungen und die Entfaltung der eigenen Person. Daraus ergibt sich zweitens, dass es eine eindeutige Trennung zwischen öffentlich und privat in der Praxis auch in westlichen Gesellschaften nicht gibt und dass diesbezüglich auch innerhalb des Westens kulturelle Unterschiede bestehen. Hinweise auf die Mehrdeutigkeit von Begriffen für Privatheit unterstreichen diesen Befund.[1] Das hat die Bedeutung der Privatheit in der heutigen Gesellschaft jedoch einstweilen nicht geschmälert, noch die Aufmerksamkeit, die ihr im allgemeinen Diskurs und in verschiedenen Wissenschaften geschenkt wird, denn für ein adäquates Verständnis der Kräfte, die die Entwicklung des Zusammenlebens vorantreiben, spielen Privatheitspraktiken, alte und neue, nach wie vor eine zentrale Rolle. Einige gesellschaftliche Veränderungen, die wir in den letzten Jahrzehnten erlebt haben, sollen das verdeutlichen.

---

[1] Z. B. Westin (1967), Thomson (1975), Geuss (2001), Solove (2008), um einige wichtige Arbeiten des letzten halben Jahrhunderts in chronologischer Reihenfolge zu nennen und Ochs, der Nietzsche mit der Bemerkung zitiert, dass „definierbar nur das ist, was keine Geschichte hat" (2022, S. 194).

Freiheit

In ihrer an der Schnittstelle von Technik und Gesellschaft angesiedelten Studie behaupten Mayer-Schönberger und Cukier (2013), wie am Beginn des Kapitels zitiert, dass Big Data als Nachfolger oder heutige Verkörperung von Big Brother unsere Privatsphäre untergräbt und die Freiheit bedroht. – Wieso? Die gängige Antwort kennt inzwischen vielleicht jeder in allgemeiner Form, nämlich dass wir in der digital vernetzten Gesellschaft die Freiheit zu entscheiden, wer was von uns weiß,[2] verloren haben. Viele Normen, Konventionen und auch Gesetze, die bis vor einer Generation das Zusammenleben und das Verhältnis von Individuum, Gruppen, Gesellschaft und Staat wesentlich bestimmten, haben in einer Gesellschaft, deren Mitglieder zum großen Teil permanent online sind[3] und sich so fortwährender oder sporadischer Beobachtung aussetzen, ihre Wirksamkeit verringert oder gänzlich eingebüßt. Der digitale Raum konstituierte sich als eine neue Domäne der Vergesellschaftung, die Peter Drahos (1995) in ihrer Frühzeit als Informationsfeudalismus beschrieb.

In ihrer minutiösen Analyse des daraus hervorgegangenen, von ihr so genannten Überwachungskapitalismus zeigt Shoshana Zuboff (2019), wie die private Aneignung des Online-Raums mit dem Landraub im Zuge des Kolonialismus vergleichbar ist. Zwei der ersten Protagonisten dieser Ausprägung des Kapitalismus, Eric Schmidt und Jared Cohen zitiert sie mit deren entwaffnendem Bekenntnis: „Die Online-Welt ist nicht wirklich an irdische Gesetze gebunden … Sie ist der größte unkontrollierte Raum der Welt" (Zuboff 2019, S. 103). Die Missachtung von Gesetz und Regulierung und diese Berufung auf Gesetzlosigkeit, sagt Zuboff (2019, S. 105) „ähnelt auf bemerkenswerte Weise derjenigen der Räuberbarone eines früheren Jahrhunderts." Allein bewegten die sich in der physischen Welt dieses Planeten, wo sie ihre Ziele durch Landraub

---

[2] In ihrem immer wieder zitierten, inzwischen klassischen Artikel beschrieben Warren und Brandeis (1890) diese Freiheit als einklagbares „Recht auf Privatheit" und nahmen damit eine Position ein, von der die meisten Juristen in USA und andernorts inzwischen abgerückt sind (vgl. Solove 2008, S. 101).

[3] Die Anzahl der Mobiltelefonabonnements pro 100 Einwohner betrug schon 2020 in den Vereinigten Arabischen Emiraten 200 %, in Europa praktisch überall mehr als 100 %, (Belgien 100 %, Finnland 127 %, Italien 128 %, Niederlande 128 %, BRD 129 %) https://www.statista.com/forecasts/1144935/mobile-phone-penetration-by-country.

verfolgten, während sich ihre Nachfolger auf unkontrollierte Einhegung im Cyberraum spezialisieren. Für die Aneignung immaterieller Gemeingüter gibt es allerdings Beispiele aus prädigitalen Zeiten, wie etwa die bizarre Einschränkung des Gemeinguts Sprache zugunsten privater Unternehmen, die Anspruch auf die exklusive Verwendung ganz normaler Wörter wie „Zeit", „Spiegel", „Stern", „Apple", „Time", „Liberté", „Monde", „Sole", „Repubblica" etc. erheben. Die Anfechtung und Einhaltung der Markenschutzgesetze, unter deren Vorzeichen das geschieht, beschäftigen Scharen von Juristen, die mit dem Streit darum ihr Geld verdienen. Man kann hier eine Parallele zur Einhegung erkennen. Sprache und Territorium sind ursprünglich Gemeingüter, ohne die keine Gesellschaft funktionieren kann. Profitstreben bzw. Habsucht im hobbesschen Sinne (s. Kap. 2, Abschn. „Privateigentum") ließen in der europäischen Kultur Bedingungen entstehen, die es ermöglichen, anderen den Zugang zu einem Grundstück oder die Verwendung eines Wortes zu verwehren, wenn dadurch die Interessen ihrer privaten Eigentümer verletzt werden. Was Privateigentum sein kann, ist historisch und kulturell, Land, Pflanzen, Tiere, Menschen, Wörter und heute also Daten. Der Begriff *Data Mining* wird diesem Sachverhalt gerecht, wobei allerdings die auszubeutenden Minen überall sind, denn, in den Worten des Soziologen Adam Arvidsson (2003, S. 456) „zielt der zeitgenössische Kapitalismus darauf ab, praktisch alle Aspekte des gesellschaftlichen Lebens in seinen Verwertungsprozess einzubeziehen."

In Ermangelung den virtuellen Raum regulierender Gesetze geschah seine Inbesitznahme unter dem Vorzeichen der Freiheit, nämlich der liberalen Wirtschaftsordnung, die gegen staatliche Eingriffe verteidigt werden muss, worauf die Daten-Konzerne auch heute noch beharren, während sie gleichzeitig das Verhalten ihrer Kunden auf vielfältige sichtbare und unsichtbare Weise steuern, sie also in ihrer Freiheit einschränken. Das ist ein Paradebeispiel dafür, dass es Freiheit an und für sich – ebenso wie Privatheit an und für sich – nicht gibt. Liberale Demokratien haben mit dem Problem, dass nur die Freiheit der Stärkeren zählt, spätestens seit der Französischen Revolution gerungen, bisher jedoch keine Lösung gefunden, da es einen Zusammenhang zwischen Freiheit und Gleichheit gibt. Aus dem Gleichheitspostulat wurde deshalb ein vages Versprechen auf Chancengleichheit. Als die damalige britische Innenministerin Suella

Braverman im November 2023 erklärte, Obdachlosigkeit sei ein Lebensstil,[4] war das ein radikaler, um nicht zu sagen zynischer Ausdruck dieser Denkweise. Reichtum ermöglicht mehr Freiheit als Armut, und, wie allgemein bekannt, hat die Ungleichheitsmaschine des Kapitalismus den Abstand zwischen beiden immer größer gemacht (Sen 1992; Piketty 2013; Chancel und Piketty 2021; Streeck 2021), was sich auf die Verteilung der Freiheit niederschlägt wie auch auf den Schutz der Privatheit. Nahezu jeder Aspekt des täglichen Lebens wird heute in Datenbanken von Unternehmen und anderen Organisationen eingespeist und mit oder ohne ihre Zustimmung zur Vorhersage und Beeinflussung des Verhaltens von Konsumenten, Patienten, Arbeitern, Wählern etc. verwendet. Vor allem letzteres sollte in Demokratien nicht sein, aber die diesbezüglichen Straftaten und Skandale,[5] die ans Licht gekommen sind, haben den Fortgang der Digitalisierung nicht einmal sporadisch aufgehalten, noch dass Google, Meta, Amazon und andere IT-Konzerne den weitestreichenden und aufdringlichsten Überwachungsapparat aufgebaut haben, den die Welt je gesehen hat. Nicht verschwiegen werden soll dabei, dass die Opfer dieser Überwachung daran selbst kräftig mitgewirkt und sogar dafür gezahlt haben, worauf noch zurückzukommen sein wird (s.u. Ende*Paradox*). Der Zusammenhang von Freiheit und Privatheit wurde deshalb vor allem in Ländern, wo Freiheit ein hoher Wert ist, zu einem vieldiskutierten Thema (Solove 2008, S. 2).

Ein kurzer Blick zurück lässt erkennen, wieso das nicht selbstverständlich war. Vor vier Jahrzehnten, als sich die ersten Umrisse der Informationsgesellschaft abzeichneten, erschien ein Buch des amerikanischen Politikwissenschaftlers Ithiel de Sola Pool mit dem sprechenden Titel *Technologies of Freedom*. – Wunschdenken, kann man das im Rückblick nennen. Die Erwartungen waren hoch. Die neuen Technologien würden zur Befreiung der Unterdrückten und Demokratisierung der Welt nach

---

[4] „... living on the streets as a lifestyle choice". Jeevan Ravindran und Natalie Thomas. UK rough sleepers hit back at minister's 'lifestyle choice' comment. Reuters, 07.11.2023. https://www.reuters.com/world/uk/uk-rough-sleepers-hit-back-ministers-lifestyle-choice-comment-2023-11-07/.

[5] Die Verwendung von 87 Mio. Facebook-Profilen 2018 ist ein Fall, der Aufsehen erregte, da die möglichen Auswirkungen auf das politische Leben offensichtlich waren. Wylie (2021) gibt kenntnisreiche, auf eigener Erfahrung als Mitarbeiter von Cambridge Analytica beruhende Einblicke in Datenkriminalität, die er im Falle von Cambridge Analytica aufdecken half.

westlichem Muster beitragen, indem sie allen, die das begehrten, freie Meinungsäußerung mit unbegrenzter Reichweite ermöglichen würden. Trotz des optimistischen Titels seines Buchs warnte de Sola Pool allerdings schon davor, dass, in dem Maße, „wie Kabel, Radiowellen, Satelliten und Computer wichtige Diskursträger wurden, Regulierung eine technische Notwendigkeit würde" und dass das „seit fünf Jahrhunderten gewachsene Recht der Bürger, sich unbeobachtet zu äußern, dadurch gefährdet werden könnte" (de Sola Pool 1983, S. 1). Und er warf die Frage auf, wie es dann um die Freiheit bestellt sein werde. Welche Normen regeln werden, was Gesprächsteilnehmer einander sagen dürfen; was Verleumdung ist; was die Privatsphäre oder die Sicherheit verletzt; und wer die entsprechenden Regeln durchsetzen wird (de Sola Pool 1983, S. 9). Wer könnte behaupten, dass diese Fragen inzwischen endgültig beantwortet sind? Sie müssen immer wieder neu gestellt und ergänzt werden, da es hier wesentlich um Macht und das diesbezügliche Verhältnis von Staat und Markt geht (s. Kap. 5).

Der virtuelle Raum wurde anfänglich als Gemeingut begriffen, nur wenige sahen seine wirtschaftliche Ausbeutung voraus. Die Technologie selbst hat die Kommerzialisierung dieses Raums nicht bewirkt, sondern das Versäumnis, eine neue Infrastruktur der Ausbeutung durch private Interessen unzugänglich zu machen. Das bis dahin weithin wirksame „Informationsmonopol des Staates wurde einfach durch ein Unternehmensoligopol ersetzt: kaum ein Rezept für demokratische Kommunikation", wie der Medienwissenschaftler Kevin Howley (2005, S. 23) bemerkte. Demokratische Kommunikation für Zwecke des Meinungsaustauschs, der Bildung, des Handels, der politischen Auseinandersetzung und auch der nationalen Souveränität ist ein Kernelement freiheitlicher Gesellschaften. Den Einfluss, den neue Technologien unter dem Vorzeichen der Profitmaximierung darauf haben würden, erkannten die Mitglieder dieser Gesellschaften selber anfänglich ebenso wenig, wie sie den Missbrauch voraussahen, den die neuen Technologien mit sich brachten und der noch stets immer wieder neue Formen annimmt wie die Verwendung von Computern als Waffen, den Einsatz sozialer Medien für die Beeinflussung von Wahlen anderer Länder, Cyberspionage, erpresserisches Hacking, Identitätsdiebstahl u. a. Dass Cyberkriminelle nicht mehr am Tatort zu sein brauchen, hat ungeahnte Möglichkeiten eröffnet, wie auch

Propaganda, Diskriminierung und Hetze neue Dimensionen angenommen haben. Wer zu den Kriminellen gehört, muss im Sinne der von de Sola Pool gestellten Fragen durch Gesetze festgelegt und im Einzelfall von Richtern entschieden werden. Die Bandbreite ist weit und reicht von Einzelnutzern des Internets über mächtige *Privat*(!)unternehmen bis zu staatlichen Akteuren wie Polizei, Streitkräften, Geheimdiensten und – in Deutschland – Verfassungsschutz.

De Sola Pool hat in mancher Hinsicht den Weg gewiesen, aber die unwillkommenen Begleiterscheinungen der manchmal so bezeichneten vierten industriellen Revolution – Dampfmaschine, Fließband und Elektronik in der Warenproduktion waren die ersten drei – sind noch immer nicht überschaubar. Im gegebenen Zusammenhang von besonderer Bedeutung sind Grenzverschiebungen zwischen öffentlich und privat, die die Vernetzung von Mensch und Maschine bewirkt hat. Was vor einer Generation eine Albernheit, Geschmacklosigkeit oder Dummheit irgendwo im Abseits war, kann heute durch Verbreitung in sozialen Medien zur Volksverhetzung oder gefährlichen Anstiftung zu Straftaten werden. Die massenhafte Verbreitung der sozialen Medien hat die Vorteile unbeschränkter Meinungsfreiheit in Frage gestellt, wobei es nicht verwundert, dass die Anbieter sich gern dahinter verbergen und jede Verantwortung von sich weisen, da sie ja nur Plattformen anbieten und keine Inhalte. Die technologiebedingte Freiheit der Meinungsäußerung verlangt nach neuen Definitionen, und die sollen uns nicht von den IT-Kartellen aufoktroyiert werden. Wie Sjarrel De Charon über seine Zeit als Facebook-Moderator in Berlin schreibt, ist das schwierig, denn „es sind diese Firmen, die bestimmen, was Satire, was Kunst, was von historischer Bedeutung ist und auf ihrer Plattform stehen bleiben darf" (De Charon 2019, S. 83). „Acht Monate in der Hölle" heißt der Untertitel seines Berichts, weil die Aufgabe der inzwischen mehr als 15.000 Moderatoren, die Facebook unter Druck mehrerer Staaten eingestellt hat, darin besteht, Videos von Enthauptungen und anderen Gewalttaten, Rachepornos, Beleidigungen, Anstiftung zu Aufruhr, gefährliche Unwahrheiten etc. zu entfernen. Für diese Art von Zensur, die zweifellos notwendig ist, war er in keiner Weise ausgebildet, und schon kurz nachdem er diese Arbeit aufgenommen hatte, brauchte er psychologischen Beistand, um sie nach acht Monaten trotzdem als unerträglich aufzugeben.

Wenn jemand in seinem Wohnzimmer unter Freunden xenophobe Ansichten vertritt, Kinderpornografie darbietet und Gewalt verherrlicht, spielt sich das in seiner Privatsphäre ab. So war es einmal. Seit aber dieses Wohnzimmer durch X (einst Twitter), Facebook, WhatsApp oder TikTok potenziell mit der ganzen Welt verbunden ist und sich Freunde bzw. *Friends* zwischen Tausenden und zig Millionen zählen, macht er sich damit inzwischen in Deutschland und manch anderen Ländern strafbar.[6] Die lokale Einschränkung ist geboten, weil der virtuelle Raum zwar potenziell global ist, aber die Teilhabe daran, wenn überhaupt, strafrechtlich im Wesentlichen national reglementiert wird.[7]

Die Öffentlichkeit ist vom Wohnzimmer aus erreichbar und, da die Konnektivität keine Einbahnstraße ist, umgekehrt ebenso. Dadurch ist die digitale Gesellschaft entstanden, in der Grundbegriffe wie Freiheit, Autonomie und Privatheit ihre Bedeutung verändert haben.

Wer weiß was von wem?

Öffentlichkeit ist ein historisch konstituierter Raum, der aus dem Zusammenwirken des Technischen – Buchdruck – mit dem Sozialen – Alphabetisierung – entstand, wie allen voran Jürgen Habermas (1962) gezeigt hat, dessen Theorie über den Strukturwandel der Öffentlichkeit seit dem 18. Jahrhundert jahrzehntelang im Zentrum soziologischer Debatten stand. In der Welt von Druck und Papier schienen die öffentliche und die private Sphäre voneinander getrennt zu sein, zumindest in bürgerlichen Kreisen urbanisierter Gesellschaften. Das Zuhause war ein privates Refugium, das vor Übergriffen von außen, insbesondere seitens des Staates abgeschirmt war. Dadurch dass soziale Medien der privaten Kommunikation von globalen Privatunternehmen kontrolliert werden, hat sich dieses Verhältnis verschoben. Bis dahin, also bis zu dem „neuen Strukturwandels der Öffentlichkeit", wie wiederum Habermas (2022) diese Verschiebung

---

[6] Rechtliche Details z. B. bei Christian Solmecke. 2020. Verbreiten und Teilen kann strafbar sein. https://www.wbs.legal/medienrecht/verbotene-inhalte-bei-whatsapp-das-gilt-rechtlich-46941/.

[7] Vgl. das Positionspapier der Bundesregierung *On the Application of International Law in Cyberspace*, März 2021. https://www.auswaertiges-amt.de/blob/2446304/32e7b2498e10b74fb17204c54665 bdf0/on-the-application-of-international-law-in-cyberspace-data.pdf.

nannte, war was ich zuhause sagte, (im Prinzip) meine Sache, und mein Füllfederhalter hätte niemandem je preisgegeben (bzw. preisgeben können), was ich mit ihm aufs Papier brachte. Mit meinem Computer ist das anders. Sobald ich mit ihm oder einem anderen digitalen Gerät eine Notiz mache, nachgucke, wo man in der Nähe Baklava kaufen kann, wer vielleicht Interesse an meinem alten Fahrrad haben könnte, wo der nächste E-Scooter steht, die Wettervorhersage konsultiere, den letzten Blog über Zensur[8] lese, kundtue, dass ich für oder gegen Gewalt bin, glaube, dass wir alle verloren sind oder dass Gott all unsere Probleme lösen wird und das meinem Freund mitteile, wenn ich mir das Foto vom Strand angucke, das A&B mir gerade geschickt haben, mich über Zoombombing informiere oder im Bibliothekskatalog nach einem Artikel über die Entanonymisierung von Daten suche, lade ich die Sozialen-Medien-Plattformen, die Betreiber von Suchmaschinen und über sie staatliche Stellen dazu ein, auch zu wissen, dass ich das tue. Ob die sich dafür tatsächlich interessieren, weiß ich nicht, aber das ist gerade der kritische Punkt.

Gegen Ende des 18. Jahrhunderts, also als der erste Strukturwandel der Öffentlichkeit im Habermasschen Sinne in vollem Gang war, erfand der Sozialphilosoph Jeremy Bentham (1748–1832) das Panopticon als sozialen Kontrollmechanismus. Das architektonische Grundprinzip war es, eine Höchstzahl von Bewohnern unter Aufwendung von möglichst wenig Personal und anderen Kosten zu beaufsichtigen. Konkret bestand es aus einem Turm, der von einem ringförmigen Gebäude bestehend aus einzelnen, voneinander abgegrenzten Räumen umgeben war, die von dort aus unbeschränkt einsehbar waren. Der Aufseher auf dem Turm konnte mittels eines Netzwerks von „Gesprächsröhren" sogar mit den Bewohnern sprechen, die wussten, dass er sie sah, ihn aber ihrerseits nicht sehen konnten. Sie mussten also immer damit rechnen, tatsächlich beobachtet zu werden und waren somit jeglicher Privatsphäre depriviert. Praktisch und wirtschaftlich – Bentham war ja auch Vorreiter des Utilitarismus – war das Panopticon eine kostensparende Architekturform für Justizvollzugsanstalten. Die asymmetrische Blickrichtung der Beobachtung ohne beobachtet zu werden, die es verkörperte, machte es zum Sinnbild einer neuen Form des Zusammenlebens. Michel Foucault be-

---

[8] Z. B. bei *noyb* https://noyb.eu/en.

zeichnete sie als „Strafgesellschaft" und machte sie zu einem Hauptthema seiner Gesellschaftsphilosophie. „Das Panopticon", schrieb er, „muss als ein verallgemeinerbares Funktionsmodell verstanden werden, als eine Möglichkeit, das Verhältnis zwischen der Macht und dem Alltagsleben der Menschen zu definieren" (Foucault 1975, S. 206 f.). Insofern war das Gefängnis, wie Foucault es sah, nur eine von mehreren Institutionen, die nach dem gleichen Muster funktionieren. Es geht dabei nicht um Schuld oder Schädigung des Gemeinwohls, sondern darum, „Kenntnisse jedes einzelnen Gefangenen zu erwerben, seines Verhaltens, seiner Gesinnung und seiner allmählichen Besserung" (Foucault 1975, S. 352). Das und die Zielsetzung, Unangepasstheit zu vermeiden, verbanden Schulen, Kindergärten, Waisenhäuser und Gefängnisse miteinander (Foucault 1975, S. 307). Das zugrunde liegende Prinzip charakterisiert auch die Industriefabrik, nämlich „das räumliche Ineinandergreifen hierarchischer Überwachung" (Foucault 1975, S. 174).

Foucault argumentierte, dass die Mitglieder der bürgerlichen Gesellschaft durch geregelte Aufsicht die vorherrschenden Normen und Institutionen verinnerlichen und sich danach richten, ohne dass dafür drakonische Mittel wie Hinrichtung, Folter und Prügel eingesetzt zu werden brauchten. Die unbeobachtete Beobachtung bewirkt Selbstdisziplin und Anpassung des Verhaltens und ist somit eine Form der sozialen Kontrolle. Sie bringt, was heute noch wichtiger ist, als Bentham oder Foucault es sich vorstellen konnten, außerdem eine neue Form des Wissens hervor. Mit einer solchen haben wir es in der Digitalgesellschaft vor allem zu tun, denn sie schöpft aus eben der unbeobachteten Beobachtung potenziell jeder Bewegung im Netz. Ausgenutzt wird das bis 1991 – dem offiziellen Geburtsjahr des World Wide Web – unvorstellbare Überwachungspotenzial von Unternehmen und staatlichen Akteuren, die riesige Datensammlungen bestehend aus Texten, Fotos, Videos, biometrischen Merkmalen und demografischen Statistiken anlegen, um das Verhalten und Interagieren von Personen zu verfolgen, vorauszusagen und so letzten Endes zu beherrschen.

Diese dank ihrer quantitativen Dimension neue Form des Wissens – Daten – ermöglichte einerseits bahnbrechende neue Erkenntnisse quantitativer Forschung, z. B. im Gesundheitswesen, andererseits totale Überwachung, die Bentham in Bezug auf Gefängnisinsassen für ethisch gerechtfertigt hielt. Was die guten und die schlechten Seiten der Digitalisierung für die soziotechnische Vergesellschaftung bedeuten, ist die große übergeordnete Frage nach der wechselseitigen Ausformung von Technik und Gesellschaft, wie sich Individuen zu einander verhalten, wie sie Gruppen bilden, wie sie ihre eigene Stellung in der Gesellschaft definieren, wie sie das Verhältnis von Öffentlichkeit und Privatheit verstehen und wie sie es gestalten wollen. Die Idee des Technodeterminismus – der technische Fortschritt treibt uns vor sich her – greift dabei ebenso zu kurz wie das Gegenstück des Sozialdeterminismus – Gesellschaften erschaffen Technologien für bestimmte Zwecke und können die Folgen von Innovationen abschätzen. Die Akteur-Netzwerk-Theorie des französischen Anthropologen Bruno Latour (2005) bietet eine originelle Alternative, indem sie das Digitale nicht nur als Medium zu betrachten erlaubt, sondern als eigenständige Einflussgröße, die Privatheit im Verhältnis des Individuums zu Kollektiv und Institutionen in der heutigen Gesellschaft wesentlich mitbestimmt. Akteure können nach dieser Theorie nicht nur autonome Individuen sein, sondern alle Entitäten, die einen Einfluss auf andere haben können, z. B. Viren. Und menschliche Akteure werden nicht als Individuen mit einzigartigen Eigenschaften konzeptualisiert, sondern immer schon relational als aufeinander bezogene Entitäten. Unter dieser Voraussetzung sind auch technische Neuerungen zu betrachten, die oft unvorhergesehene Konsequenzen haben, weswegen wie sie von Gesellschaften aufgenommen werden und was sie für individuelle Freiheit und Selbstbestimmung bedeuten, schwer voraussagbar ist.

Als Tim Berners-Lee Ende der 1980er-Jahre bei CERN an der Entwicklung des World Wide Web arbeitete, hat er oder sonst irgendjemand der Möglichkeit des illegalen Handels mit personenbezogenen Daten, Cyber-Terrorismus, Identitätsdiebstahl und anderen Verletzungen der Privatsphäre, die gegenwärtig viele Gerichte beschäftigen, wohl kaum Aufmerksamkeit geschenkt. Heute aber kämpft er an vorderster Front dafür, den Menschen die Kontrolle über ihre persönlichen Daten zurückzugeben. Um das zu erreichen, setzt er – wie könnte es anders sein – mehr auf Technologie als auf Gesetzgebung.[9] Einstweilen ist es eine offene

---

[9] S. z. B. Solid, ein 2016 gegründetes Projekt, das die technischen Voraussetzungen für effektiven Datenschutz schaffen soll. https://solid.mit.edu/.

Frage, ob die Zurückgewinnung privater Datensouveränität durch die Weiterentwicklung der Technik, wie sie Berners-Lee vorschwebt, gelingen kann oder ob die Privatsphäre ganz und gar der Vergangenheit angehört, wie schon 2010 Facebook-Gründer Marc Zuckerberg – ohne Eigeninteressen, wird niemand annehmen – feststellte (Johnson 2010). Ähnlich äußerte sich Googles ehemaliger CEO Eric Schmidt, der sagte, Privatheit sei etwas „für Leute, die etwas zu verbergen haben (‚something to hide')" (Greenwald 2015, S. 171) . Wenn man heute stattdessen „nothing to hide" in die Suchmaschine eingibt, kriegt man ca. 30 Mio. Treffer, worunter ganz obenan Influencer-Posts stehen, die bestätigen, dass sie nichts zu verbergen haben und somit zumindest scheinbar wenig oder gar keinen Wert auf Privatheit legen. Andererseits gibt es immer mehr Initiativen und Organisationen, die den Einsatz von Technologien zur Speicherung, Verbreitung und Analyse von Daten für eine Bedrohung unserer Privatsphäre halten.[10] In Ermangelung einer allgemein akzeptierten Definition des Privaten ist gegenwärtig schwer zu sagen, ob wir tatsächlich bei dem oben erwähnten, von Isaiah Berlin (1969, S. 176) befürchteten „Tod einer Zivilisation" der Privatheit angekommen sind. Was der unaufhörliche Diskurs darüber aber nahelegt, ist, dass sich unser aller Verständnis von Privatheit den Bedingungen der digitalen Gesellschaft angepasst hat und weiterhin anpassen muss. Privatheit ist dabei niemals als isoliertes Phänomen zu verstehen, sondern als ein gesellschaftliches Produkt im Zusammenhang mit anderen Werten und Verhaltensnormen.

Privatheit oder Sicherheit?

Die Kaffeemaschine seiner Mutter ist mit seinem Smartphone verbunden. Wenn bis 10:00 Uhr kein Kaffee gekocht wurde, schickt sie ihm eine Nachricht. Dann weiß er, da stimmt was nicht, denn seine Mutter trinkt spätestens um 9:00 Kaffee. Baby Monitor 5G WiFi IP-Kamera ist neu im Sortiment. Sie ermöglicht einen klaren Blick auf Ihr Baby, den ganzen Tag und misst nebenbei die Zimmertemperatur.

---

[10] Z. B. Startpage https://www.startpage.com/de/about-us/?t=default und Privacy International. https://privacyinternational.org/learning-resources/privacy-matters.

Privatsphäre? Mutter nicht mehr, Baby noch nicht. Diese beiden recht harmlosen Beispiele illustrieren die technologiebedingte Grenzverschiebung der Privatsphäre, ihre prinzipielle Vagheit und darüber hinaus die allgemeine Problematik einer Güterabwägung, nämlich der von Privatheit und Sicherheit. Gefangene haben nach der Benthamschen Moralphilosophie ihr Recht auf eine Privatsphäre verloren, sonst säßen sie nicht im Gefängnis, wo sie die Sicherheit anderer nicht gefährden können. Und wenn sie wieder auf freiem Fuß sind, kommt u.U. die elektronische Fußfessel, die ebenfalls ihre Privatheit beschneidet. Bei Mutter und Baby liegen die Dinge anders. Ihre Privatsphäre wird im Interesse ihrer eigenen Sicherheit eingeschränkt. Ein Balanceakt ist es in jedem Fall. Ganz junge, alte, kranke und behinderte Menschen zu schützen, ist eine wichtige und moralisch unanfechtbare Aufgabe, aber wann wird eine Demenz zu einer ernsten Gefahr für die Betroffenen, sodass es vertretbar ist, ihnen eine Überwachungskamera an die Decke zu hängen, und ab wann können Kinder – in liberalen Gesellschaften – das allgemein anerkannte Recht auf Autonomie in Anspruch nehmen, um nicht dauernd beaufsichtigt zu werden? Für solche Ermessensfragen strikte Normen zu definieren ist schwierig. Sie betreffen die Sozialisation im weiteren Sinne und letzten Endes das Gesellschaftssystem als Ganzes, innerhalb dessen sich teils autoritätsgesteuert, teils unwillkürlich neue Normen herausbilden. Da der Mensch ein gesellschaftliches Wesen ist, muss der Anspruch auf und die Realisierung von Privatheit in diesem Spannungsfeld gesehen werden. Das illustrieren die Beispiele von dementer Mutter und kleinem Baby. Privatheit ist ein gesellschaftliches Produkt und somit nicht nur ein Recht, das jedes Individuum in Anspruch nehmen kann, sondern auch ein Zugeständnis der Gesellschaft an das Individuum, das u. U. im Interesse der allgemeinen Sicherheit zurückgenommen oder eingeschränkt werden kann. Kurzgefasst, Privatheit betrifft die Gesellschaft ebenso wie das Individuum, ja, ist nur im gesellschaftlichen Rahmen ein sinnvolles Konzept.

Kameras, Sensoren, Mikrofone, Laser-Messgeräte, biometrische Gesichtserkennung, Telefon-Abhörgeräte, Spionage-Software für Smartphones, wo sollen sie eingesetzt werden, wenn überhaupt, und zu welchem Zweck? Im prädigitalen Zeitalter ging es vor allem darum, die Überwachungsmöglichkeiten staatlicher Akteure zu begrenzen. Aktivisten wie Edward Snowden, Julian Assange und Chelsea Manning haben beispielhaft gezeigt, dass das in der digitalen Gesellschaft ein noch größeres Anliegen ist, da die Eingriffe staatlicher Akteure in die Privatsphäre der Bürger und die unerlaubte Verwendung personenbezogener Daten namentlich in den Vereinigten Staaten ungeahnte Ausmaße angenommen hatten. Für ihre diesbezüglichen Enthüllungen haben sie bitter bezahlt, der eine im Exil, die anderen beiden im Gefängnis. Der große Unterschied zwischen ante www-natum und post www-natum ist, dass nun außer staatlichen Akteuren private Unternehmen unser aller Privatheit unterminieren. Der erfahrene Tech-Spezialist Andrew Keen verglich Google schon vor zehn Jahren mit dem ostdeutschen Staatssicherheitsdienst (Stasi).

> Mielke [der DDR-Minister für Staatssicherheit, FC] sammelte personenbezogene Daten ebenso hartnäckig, wie Googles Street View-Autos zwischen 2008 und 2010 E-Mails, Fotos und Passwörter deutscher Online-Bürger sammelten (Keen 2015, S. 165). Hamburgs Datenschutzbeauftragten Johannes Caspar zitierend, fügte er hinzu: „einer der größten bekannten Verstöße gegen Datenschutzbestimmungen" (Keen 2015, S. 165).

Der Vergleich zwischen Google und Stasi ist weniger provokativ als instruktiv, da er zeigt, dass staatliche und kommerzielle Akteure in der vernetzten Gesellschaft ähnlich Wege gehen. Dabei verfolgen sie zwar unterschiedliche Interessen, aber sowohl Sicherheit als auch Profit können die Ausnutzung von Gesetzeslücken oder auch Verletzungen geltenden Rechts motivieren, um ungefragt und unbeobachtet in unsere Privatsphäre einzudringen. In den vergangenen zwei Jahrzehnten sind überall auf der Welt Gesetze verabschiedet worden, um den Datenschutz zu stärken. Ob sie dem Missbrauch wirkungsvoll Einhalt gebieten können, ist angesichts der Tatsache, dass sich die oligopolistischen IT-Firmen fast ausschließlich durch Werbung finanzieren, die von der Ausspionierung persönlicher Nutzerdaten lebt, zweifelhaft, aber die Tatsache, dass so viele Gesetzesinitiativen mit diesem Ziel unternommen wurden und werden, lässt erkennen, dass weiterhin ein Interesse an Privatheit besteht. Ob das nur Nostalgie ist, wenn nicht, was Privatheit in der Digitalgesellschaft beinhalten soll, und welche Haltung zu ihrem Schutz man einnehmen kann und soll, ist nicht nur zwischen Gruppen umstritten, sondern paradoxerweise auch für Einzelpersonen.

Paradox

Im abstrakten politphilosophischen Diskurs, wie oben erwähnt, oft als unverzichtbarer Baustein einer demokratischen Gesellschaftsordnung bezeichnet, wird Privatheit in Umfragen auch von Individuen als hohes Gut bewertet. Allein, in der vernetzten Digitalgesellschaft verhalten sich viele Menschen nicht entsprechend. So stellen Trepte und Reinecke (2011) fest, dass „im Vergleich zu vorhergehenden Studien aus Deutschland und Europa […] deutlich weniger Nutzer die Freigabe von Daten im Netz [akzeptieren]" und dass „gleichzeitig ein starker Anstieg der Preisgabe privater Informationen stattgefunden hat." Dass sie sich zu einem Bedürfnis nach Privatheit bekennen, im täglichen Leben aber Handlungsmuster an den Tag legen, die damit schwer vereinbar scheinen, ist vielfach beobachtet worden und in der Soziologie als Privatheitsparadox bekannt (Rössler 2001). Dass Menschen mit Widersprüchen leben, ist nichts Neues, aber vor dem Hintergrund der oben erwähnten Etikettierung der digitalen Vernetzung als „Technologie der Freiheit" ist dieses Paradox als Kennzeichen der gesellschaftlichen Entwicklung von besonderem Interesse (Honneth et al. 2022).

Widersprüche werden nicht als normal empfunden. Es stellt sich deshalb die Frage, wieso es sie gibt. So auch das paradoxe Verhalten im digitalen Raum, wo Internetbenutzer/innen so offensichtlich im Gegensatz zu ihren eigenen Wertvorstellungen handeln, indem sie private Information preisgeben, obwohl sie den Schutz und die eigene Verfügung darüber für wichtig halten. Deutet dieses Paradox auf einen schleichenden Wertewandel hin, in dem Sinne, dass die Wertvorstellungen der gesellschaftlichen Praxis hinterherhinken und sich vermutlich über kurz oder lang anpassen werden? Oder haben Menschen psychologische Strategien, um mit selbstverursachten Widersprüchen umzugehen? Kosten-Nutzen-Rechnungen etwa könnten eine Rolle spielen: Wenn ich aus einer mir wichtigen Gruppe nicht ausgeschlossen sein/bleiben will, muss ich eben der Plattform bzw. dem sozialen Medium, in dem sie sich konstituiert, erlauben, Daten über mich zu sammeln: Sei's drum! Konformitätsdruck bzw. Selbstrechtfertigung mit Blick auf andere kann eine Rolle spielen: Alle machen es. Oder Vertrauen auf das Verschwinden in der Menge und darauf, dass man nichts „wirklich Wichtiges" preisgibt. Solche und ähnliche Strategien helfen, die Diskrepanzen zwischen Einstellungen zu Privatheit und dem Verhalten von Individuen zu erklären. Rössler (2022) fügt noch einen wichtigen, vielleicht den wichtigsten, alles überlagernden Aspekt hinzu, nämlich die Machtasymmetrie zwischen den IT-Konzernen und den individuellen Benutzern ihrer Dienste: Was soll man denn machen?!

Die Internetkonzerne sind im Laufe weniger Jahrzehnten so mächtig geworden, dass die einzige Alternative dazu, sich ihnen zu unterwerfen und auf dem Markt, in der Öffentlichkeit, in der Wissenschaft, in der Politik und in allen anderen, inklusive der allerprivatesten Kommunikationsbereichen von ihren Diensten Gebrauch zu machen, in einem abgeschiedenen Leben als Eremit zu bestehen scheint, wo man in seiner Privatsphäre ungestört ist. Die sich dafür entscheiden, sind nicht zahlreich. Außerdem wäre es, um das gleich zu korrigieren, ein völliges Missverständnis, ein Eremitenleben mit Privatsphäre gleichzusetzen oder auch nur zu assoziieren; denn das Private ist ein gesellschaftliches, also historisch-kulturell kontingentes Phänomen, das es nur im Zusammenhang mit gesellschaftlichem Umgang bzw. in Gegenüberstellung zur Öffentlichkeit gibt. Die Eremitage aber ist der Rückzug aus der Gesellschaft. Dementsprechend und in Anlehnung an Perri 6 XE „Perri 6" (1998) und Couldry & Mejias (2019) können all die Nicht-Eremiten nach ihren Strategien für den Umgang mit dem Privatheitsparadox verschiedenen Typen zugeordnet werden. Die *Pragmatiker* wissen, dass man an dem Geschäftsmodell, das auf der systematischen Aneignung und kommerziellen Ausbeute privater Information beruht, nicht mehr vorbeikommt und nehmen das im Interesse der von den Anbietern digitaler Dienste versprochenen besseren Serviceleistungen in Kauf. Letzteres tun *naive Internetnutzer* auch, mit dem Unterschied, dass es ihnen nichts ausmacht oder sie möglicherweise gar nicht wissen, dass es mit Risiken verbunden sein kann, Personen oder Organisationen Informationen über sich selbst zu überlassen. Solche Risiken wiederum betonen *Kritiker des „Daten-*

Kolonialismus", die personenbezogene Information nur zögerlich mitteilen, wenn es sich gar nicht vermeiden lässt. Und schließlich sind da die *Privatheitsfatalisten*, die den Glauben an die Möglichkeit von Datenschutz und die Gewährleistung eines richtigen und moralisch legitimen Gebrauchs persönlicher Information aufgegeben haben.

Die Frage, wem wir den Schutz unserer Privatsphäre anvertrauen können/sollen/wollen, bleibt einstweilen offen, wenn sie nicht langsam hinter anderen Prioritäten und im Zuge der Ausformung neuer Konventionen und Interaktionsmuster im Datenkapitalismus in Vergessenheit gerät. Was heute noch als paradox wahrgenommen wird, ist es dann vielleicht nicht mehr. Anzeichen für Veränderungen in Bezug auf das Privatheitsparadox gibt es bereits, wenn man nur daran denkt, dass manche ihren Lebensunterhalt damit verdienen können, ihre Privatsphäre – echt oder inszeniert – zur Schau zu stellen, was sie in keiner Weise paradox finden. Der Vergleich mit Prostitution drängt sich auf, die hier/heute/in dieser Kultur als wertneutrale Dienstleistung und dort/gestern/in jener Kultur als unentschuldbare Sünde betrachtet wird. Wie sehr sich die Bedeutung von privat verändert hat, zeigt sich an der Geschäftsbranche der Influencer und den dafür benutzten sozialen Medien sehr deutlich. Aber nicht nur Influencer, auch „normale" Nutzer von Online-Diensten verhalten sich auf ihre Weise zu „privat". So kann man bei der Kontoeinstellung von Instagram die Funktion privat wählen, was bedeutet, dass nur von den Benutzern zugelassene Kreise den geposteten Inhalt sehen können. Was aber mit den hochgeladenen Daten – Fotos, Videos, Tonaufnahmen und vielleicht Texten – tatsächlich geschieht, was Instagram damit macht, wie sie insbesondere für Werbung ausgenutzt werden, was mit den Daten geschieht, wenn Instagram verkauft wird oder bankrottgeht, das wissen die Benutzer/innen nicht, und die meisten wollen es, obwohl sie diese Einstellung wählen, paradoxerweise auch gar nicht wissen (Ammann 2020, S. 96), denn das breite Verteilen von Information über sich selbst ist zur Normalität und zum Teil der Bestimmung des eigenen Selbst geworden. In diesem Sinne haben sie, wie oben erwähnt, zum Aufbau des Überwachungsapparats der Internetkonzerne beigetragen, nämlich indem sie lieber mit Information über sich selbst als mit Geld für Online-Dienste bezahlen; indem sie die Überschüttung mit

Reklame akzeptieren; indem sie soziale Medien als wichtigsten Schauplatz der Selbstentfaltung und Selbstvermarktung hinnehmen.

Die eigenen Posts vor nicht zugelassenen Nutzern zu schützen und sie gleichzeitig dem Plattformanbieter ungefragt zu überlassen, auch das ist eine Manifestation des Privatheitparadoxes. Dimitrov (2021) hat dokumentiert, das Instagram, Facebook und LinkedIn die drei Plattformen sind, die die meisten Daten an Dritte weitergeben – weiter*verkaufen*, natürlich. Browserverlauf, Standort, Daten zu Bankverbindung und Kontaktadresse, Fitness – alles kann für online Direktmarketing nützlich sein. Und dass Marketing Terror ist, glauben heute fast nur noch Leute, die schon tot sind wie Hans Magnus Enzensberger, der schon 2013 auf die Bedeutung der Reklame für den Aufstieg der amerikanischen Internetkonzerne hinwies und auf ihre Komplizenschaft mit staatlichen „Diensten" für die Emanzipation von demokratischer Kontrolle.

Viral

Paradox könnte es auch scheinen, die individuelle Freiheit durch Überwachung zu begrenzen, um sie zu schützen. Ist es aber nicht, und zwar wiederum, weil Freiheit, wie Privatheit, nur im gesellschaftlichen Zusammenhang etwas bedeutet. Die Corona-Pandemie war ein Testfall.

Covid-19 hat wenige Menschen unberührt gelassen und uns alle an die ursprüngliche, nicht-metaphorische Bedeutung von *Virus* bzw. *viral* als etwas erinnert, dem man absolut nichts Gutes abgewinnen kann.[11] In der digitalen Gesellschaft ist das nicht so. „Viral" ist nicht unbedingt negativ konnotiert, ja, für viele, die Aufmerksamkeit heischen, an erster Stelle Influencer, Marketingexperten und Wahlkämpfer, ist viral zu gehen das größte Glück. Metaphern kommen immer von überall, aber in diesem Fall ist die Umdeutung eines negativen in einen positiven Begriff ein Zei-

---

[11] Es gibt Viren, die in dem Sinne gut sind, dass sie andere Schädlinge vernichten, aber das hat die Bedeutung von *Virus* im allgemeinen Sprachgebrauch in keiner Weise geprägt. In diesem Zusammenhang sei auch an die „Computerviren" erinnert, die in den 1980er-Jahren in Analogie zu dem immunologischen Vokabular um HIV/AIDS zu dieser Bezeichnung kamen (Auerbach et al. 2019, S. 709).

chen der Zeit. Sichtbarkeit ist, was heute zählt, und nicht nur im Showbusiness, sondern in Wirtschaft, Politik und Sport und selbst in der Wissenschaft, was die vielen „Tipps für mehr Sichtbarkeit", die man im Internet findet, offenbaren ebenso wie Rankings und Zitationsindizes. Daran, dass sich die Qualität einer Darbietung an der Größe des Publikums bemisst, kann man freilich Zweifel haben, und viral mit TikTok ist etwas anderes als viral mit Covid-19. Das eine wird ersehnt, das andere gefürchtet.

Beim Auftreten eines neuen Virus gilt es, seine pandemische Verbreitung zu verhindern und/oder wirkungsvolle Impfstoffe dagegen zu entwickeln. Covid brachte viele Gesellschaften in Unordnung und warf viele neue Fragen auf, mit besonderer Deutlichkeit die, ob die eigene Gesundheit Privatangelegenheit sein sollte. Wie sich in zum Teil bitteren öffentlichen Debatten darüber zeigte, sind die Antworten darauf durchaus unterschiedlich. Um nur die beiden Extrempositionen zu skizzieren, stehen auf der einen Seite diejenigen, die Privatheit ausschließlich als individuelles Recht betrachten, den eigenen Körper und seine Befindlichkeit für das Privateste überhaupt halten und deshalb die Erfassung und Weitergabe medizinischer Daten sowie staatlich verordnete Quarantänen und andere an die Person geknüpfte gesundheitsschützende Maßnahmen prinzipiell ablehnen. Ihnen gegenüber stehen auf der anderen Seite diejenigen, die den gesellschaftlichen Charakter der Privatheit betonen, nämlich dass dem Individuum von der Gemeinschaft eine persönliche Sphäre eingeräumt wird, die, wenn die Umstände es verlangen, beschnitten werden kann. Es sind dies Extrempositionen, die in reiner Form in keiner Gesellschaft gelebt werden, aber Gesellschaften tendieren in die eine oder die andere Richtung. Lange vor Corona sah der Soziologe Amitai Etzioni (1999, S. 198) in der Privatheit die Herausforderung, „individuelle Rechte und soziale Verantwortung, Individualität und Gemeinschaft miteinander in Einklang zu bringen".

Das ist eine schwierige Aufgabe, heute mehr denn je, denn es geht dabei auch um Kompetenzzuweisung und Expertenwissen, das nicht allen Gesellschaftsmitgliedern zugänglich ist. Die Position einzunehmen, dass mir meine Privatheit wichtiger ist als wie auch immer wissenschaftlich fundierte Handlungsanweisungen der Autorität, wird zusehends problematisch, da sie, was heutzutage allgemein bekannt ist, eine Gefahr für das Gemeinwohl birgt, die durch die Verwendung privater Daten verringert werden kann. Soziale Medien eignen sich aber ebenso gut dazu, diese Einsicht zu verbreiten wie sie zu desavouieren, was selbst von Politikern in verantwortlichen Positionen wie etwa Präsident der Vereinigten Staaten ohne Rücksicht auf Verluste praktiziert wird. Als Instrument der Verbreitung „alternativer Fakten" und grotesker Verschwörungstheorien tragen soziale Medien dazu bei, das seit der Aufklärung gewachsene Vertrauen darauf zu untergraben, dass es einen Unterschied zwischen schwarzer Kunst und Wissenschaft gibt. Ein rationaler Diskurs, dem in Bezug auf den ersten Strukturwandel der Öffentlichkeit so viel Bedeutung beigemessen wurde, wird dadurch in einem Maße behindert, dass in den Sozialwissenschaften der Begriff „Postdemokratie" in Umlauf gekommen ist.[12]

Im Falle einer Pandemie leuchtet die Fragwürdigkeit des Beharrens auf der uneingeschränkten Privatheit der persönlichen Gesundheit unmittelbar ein, aber Privatheit steht auch in anderen Bereichen wie Bildung, öffentliche Sicherheit, Verteidigung und Umweltschutz im Spannungsverhältnis zwischen individuellen und kollektiven Interessen. Deshalb sahen viele Menschen in staatlichen Reaktionen auf die Pandemie nicht nur praktische Maßnahmen für den Gesundheitsschutz aller, sondern ein soziopolitisches Problem, das es in dieser Form in analogen Zeiten nicht gab. Algorithmische Massenüberwachung, Apps, die Bewegungen und Kontakte kontrollieren, Corona-Warn-Apps, QR-Codes, mit denen man Termine für Impfungen machen kann; alles sehr praktisch und zweckgerecht, aber darüber hinaus potenziell eine offene Tür für den Zugriff auf Standortdaten, Beziehungs- und Verhaltensprofile und andere Angaben, die wir gern für uns behalten. Die Pandemie als Vorwand für Massenüberwachung? Covid löste beinah überall eine plötzliche Verschärfung sozialer Kontrollmechanismen aus, Maskenpflicht, Reduktion der Bewegungsfreiheit, Schulschließungen usw. Viele Menschen, nicht nur aber vor allem in liberalen Gesellschaften, reagierten darauf mit Protesten, die sich ebenso wie die vermeintliche und tat-

---

[12] S. z. B. *Policy Politische Akademie 40*, https://library.fes.de/pdf-files/akademie/08534.pdf und Crouch (2021).

sächliche Massenüberwachung zum großen Teil in sozialen Medien abspielten; ein prägnantes Beispiel gegensätzlicher privater und öffentlicher Interessen. Aber hat es schon einmal eine Demonstration gegen Google gegeben?

Die Komplexität der Situation illustrieren außerdem von Individuen gepostete Videos zum Thema, wie z. B. ein angeblich spontan aufgenommenes aber tatsächlich inszeniertes viral gegangenes Video, das eine Frau im Flugzeug zeigt, die verlangt, dass ein ungeimpfter Passagier neben ihr umgesetzt wird.[13] Wird dadurch die Privatsphäre der tatsächlich oder vorgeblich ungeimpften Person verletzt? Wer wovon Kenntnis erhält und was wissen darf, ist unter solchen Bedingungen zunehmend schwierig zu entscheiden, während der schillernde Charakter des Privaten nicht zu übersehen ist. Die Videokonferenz vom home office aus, nur halb-bekleidet oder mit einem spielenden Kind im Hintergrund, versinnbildlicht, wie porös die Grenze der familiären Privatsphäre geworden ist.

Deutlich wird an dem Beispiel der Pandemie, dass heute der wichtigste Aspekt der Privatheit die Verfügung über den Informationsfluss personenbezogener Daten ist. Darf die Impfstelle meine Daten – wann, zum wievielten Mal, mit welchem Serum etc. ich mich habe impfen lassen – weitergeben? An wen? Werden sie an meine elektronische Patientenakte weitergegeben? Und wer soll darauf Zugriff haben? Meine Krankenversicherung, die meinen Beitragstarif auf dieser Grundlage neu berechnet – teurer, weil ich Alkoholiker bin oder billiger, weil ich regelmäßig zum Fitnessprogramm gehe? Das sind keine Fragen, die individuell beantwortet werden können. Vielmehr muss, was legitime personenbezogene Informationsflüsse sind, kollektiv geregelt werden, was noch einmal den gesellschaftlichen Charakter der Privatheit hervorhebt. Der zeigt sich auch, wenn wir uns nicht mit dem Schutz der Privatsphäre im Allgemeinen beschäftigen, sondern damit, wem er dient oder schadet.

---

[13] https://www.france24.com/en/tv-shows/truth-or-fake/20211112-hoax-covid-19-vaccination-video-goes-completely-viral-on-social-media.

Wem nützt der Schutz der Privatsphäre?

Weil Privatheit positive und negative Seiten hat, entbehrt auch die in Kap. 4 (Abschn. „Freiheit") zitierte Bemerkung von Eric Schmidt nicht einer gewissen Rationalität, wenn nämlich der Schutz der Privatsphäre des einen zur Bedrohung der anderen wird, z. B. wenn häusliche Gewalt oder Kindesmisshandlung dadurch verborgen und ungeahndet bleibt (Wagner DeCew 2015). Das ist tatsächlich der Grund weswegen Martha Nussbaum (2000) und Annabelle Lever (2000) fragen, ob „Privatheit schlecht für Frauen ist" und für die feministische Kritik am uneingeschränkten Schutz der Privatsphäre im Allgemeinen. Ursula Müller (2008) bringt die Sache auf den Punkt, indem sie von „Privatheit als Ort geschlechtsbezogener Gewalt" spricht.

> So ermöglichte beispielsweise die Definition von Ehe und Familie als Inbegriff der Privatheit, dass diese als staats- und rechtsfreie Sphäre galt und Gewalt von Ehemännern an Ehefrauen lange Zeit kein Strafdelikt war (Ludwig 2017, S. 73).

Ähnliche Fragen stellen sich in Bezug auf Zwangsheirat und Menschenhandel, der zu Zwangsarbeit und Zwangsprostitution führt. Zwangsverheiratung bleibt oft hinter den Mauern der Privatsphären der betroffenen Familien verborgen und da die Leidtragenden häufig minderjährig sind, für Schutzmaßnahmen von außen schwer zugänglich. Sie werden durch die bedingungslose Respektierung der familiären Privatsphäre der Möglichkeit beraubt, ihr Leben nach ihren Wünschen und Bedürfnissen zu gestalten. Die Schutzwürdigkeit der Privatsphäre um jeden Preis aufrechtzuerhalten, wäre sinnvoll und gerecht nur in einer Gesellschaft, in der die Gleichheit all ihrer Mitglieder über Geschlechter- und andere Grenzen hinweg gewährleistet ist, wofür es, wie oben ausgeführt, in den Teilen der Welt, wo der Wert der Privatheit besonders hochgeschätzt wird, keine Beispiele gibt. Im Gegenteil, in allen modernen Gesellschaften ist wirtschaftliche, soziale und oft auch ethnische Ungleichheit zur akzeptierten Normalität geworden (Bauman 2008, S. 119). Leicht nachzuvollziehen ist deshalb die Schlussfolgerung, zu der Patricia Boling (1996, S. 159) in ihren Überlegungen zu Privatheit der Intimsphäre gelangte:

Ich finde sowohl die Kritik überzeugend, dass ‚das Private' Machtfragen verschleiert, als auch das Argument, dass die Privatsphäre zentrale und prägende Aspekte des Lebens schützt (zitiert nach Lever 2006, S. 145).

Ein zweischneidiges Schwert

Wem der Schutz der Privatsphäre nützt, ist also ganz offensichtlich eine berechtigte Frage. Sie kann nicht kategorisch, sondern nur kontextuell beantwortet werden. Die Digitalisierung hat ihr Aktualität verliehen, weil sie neue Methoden der Überwachung ermöglicht und weil sie in vielen Bereichen Karteikästen, Aktenordner, Briefsammlungen etc. ersetzt und dadurch die dort gespeicherte Information viel leichter zugänglich und kommunizierbar gemacht hat. Privatheit verstanden als Intimsphäre speziell der Familienwohnung verringert die Möglichkeit, dass Normverstöße und Straftaten entdeckt und bestraft oder auch verhindert werden. Abgesehen davon, dass die Abschirmung der Privatsphäre Missetaten unsichtbar macht, errichtet ihre hohe ideologische Wertschätzung eine zusätzliche Hürde für Opfer von Misshandlung und Unterdrückung, außerhalb Hilfe zu suchen und so die Unantastbarkeit der Privatsphäre zu verletzen. Die Hemmschwelle für Leidtragende häuslicher Gewalt oder Vergewaltigung, sich an die Polizei oder andere Beratungsstellen zu wenden, ist hoch. Die moderne Ideologie der Privatsphäre hat dazu beigetragen, diejenigen zu stigmatisieren, die sie verletzen. Statt „wem nützt der Schutz der Privatsphäre?", drängt sich deshalb die Frage auf: „Wem schadet der Schutz der Privatsphäre?" „Den Schwachen und Unterdrückten", ist dann die Antwort, die vor Augen führt, dass Privatheit und ihr Schutz ein zweischneidiges Schwert ist.

Verkörpert wird das wohl von niemandem auf eklatantere weise als von Simon Davies, der als Verteidiger der Privatsphäre berühmt wurde, 1990 die NGO *Privacy International* gründete, die 2012 in Großbritannien als wohltätige Organisation anerkannt wurde, als eine der einflussreichsten Personen im Bereich der Technologiepolitik weltweit galt, um 2019 aufgrund eines internationalen Haftbefehls in den Niederlanden verhaftet und 2022 in Australien wegen mehrfachen sexuellen Kindesmissbrauchs zu zehn Jahren Haft verurteilt zu werden.[14] Ohne auf die individualgeschichtlichen Details des Falls einzugehen, lässt sich doch sagen, dass er die negativen ebenso wie die positiven[15] Seiten des Schutzes der Privatsphäre hervortreten lässt, wie auch das Dilemma, mit dem sich der Staat konfrontiert sieht.

Der Staat, vor dessen Eingriffen in unsere Privatsphäre wir uns schützen wollen, muss in die Privatsphäre derer eindringen, die hinter dem Vorhang dieses so hohen Guts andere unterdrücken und misshandeln. Die Unabhängige Kommission zur Aufarbeitung Sexuellen Kindesmissbrauchs konstatiert: „Das Recht auf Privatheit ist ein hohes Gut, aber es darf nicht dazu führen, dass von Gewalt betroffenen Kindern nicht geholfen wird."[16] Und ein Manifest über Privatheit, das einige Wissenschaftler/innen im Zusammenhang mit der Pandemie verkündeten, hebt im Hinblick auf zukünftige Pandemien und andere Notsituationen insbesondere den Schutz von Kindern zuhause und vorbeugende Maßnahmen gegen häusliche Gewalt hervor (Manifesto S. 4).

Allerdings darf die Privatsphäre von Personen nicht nur aufgrund ihrer Sexualität nicht verletzt werden, wie es bspw. in der ironisch so genannten „Spiegel-Affäre 1980" geschah.[17] Im Zuge dieses Vorfalls stellte sich heraus, dass die Hamburger Polizei „rosa Listen" von Homosexuellen führte, die sie jahrelang u. a. mit Einwegspiegeln auf öffentlichen Toiletten an bekannten Treffpunkten beobachtet hatte.[18] Einwegspiegel sind heute fast nur noch Embleme staatlicher Überwachungsmethoden,

---

[14] Sarah McPhee. 2022. Sydney child abuser jailed for 10 years after global manhunt. *The Sydney Morning Harald*, 22. November. https://www.smh.com.au/national/nsw/sydney-child-abuser-jailed-for-10-years-after-global-manhunt-20221122-p5c0cv.html.

[15] Privacy International existiert noch und setzt sich nach eigenem Bekunden weltweit für die Förderung des Menschenrechts auf Privatsphäre ein, um „uns und die Gesellschaft vor willkürlicher und ungerechtfertigter Machtausübung […] und vor denen zu schützen, die danach streben, Kontrolle über unsere Daten und letztlich alle Aspekte unseres Lebens auszuüben.", https://privacyinternational.org/about/history.

[16] https://www.aufarbeitungskommission.de/themen-erkenntnisse/familie/.

[17] Ironisch, weil die Bezeichnung „Spiegel-Affäre" sich auf eine Reportage des *Spiegel* über die Verteidigung bezog, die dem Nachrichtenmagazin ein Ermittlungsverfahren wegen Landesverrats einbrachte.

[18] https://www.2mecs.de/wp/2012/12/hamburg-spiegel-affaere-1980-polizei-ueberwachung-homosexuelle-klappen/.

denen man bei Verhören in alten Filmen begegnet. Die privatheitsinvasiven Technologien sind in der datenökonomischen Gesellschaft raffinierter.

Beide Beispiele, das der Kindesmisshandlung in der Privatsphäre und das des illegitimen Eindringens in die Privatsphäre von (vermeintlichen) Homosexuellen durch unbeobachtete Beobachtung, zeigen noch einmal, dass Privatheit kein individuelles Phänomen ist und Sexualität keine reine Privatangelegenheit, die nur im Verborgenen besteht. Im Zeichen erst der Emanzipation und dann der Identität, haben feministische und LGBTQ-Bewegungen dem in den letzten Jahrzehnten Aufmerksamkeit verschafft, die zweigeschlechtliche Privatsphäre der Familie als normale Lebensform relativiert, die Tabuisierung der Sexualität abgebaut und vieles, was bis dahin in westlichen Gesellschaften nach allgemeinem Konsens in die Privatsphäre gehörte, in den öffentlichen Diskurs geholt und so die Konfiguration der Gesellschaft verändert. Die familiäre Privatheit ist nicht mehr, was sie idealtypisch einmal war, die Kernfamilie ist nicht mehr die dominante Lebensform,[19] wie auch andere soziale Beziehungen von der Digitalisierung nicht unberührt bleiben.

Freunde

Zwischen Familie und Bekanntschaft stehen Freund und Freundin, und so, wie sich Familienstrukturen im Laufe der Zeit entwickeln, passen sich auch andere zwischenmenschliche Beziehungen dem Wandel sozioökonomischer und technischer Bedingungen an, Freundschaft zum Beispiel. Zu Freunden haben wir eine persönliche, nicht-instrumentelle, will sagen, was heute selten ist, nicht profitorientierte Beziehung. Es ist eine intime Beziehung, aber anders als Ehe und Verwandtschaft hat sie keine Rechtsgrundlage, ist mit keiner Institution verbunden und kennt keine Normen der Ausgestaltung. Vertrautheit und Vertrauen kennzeichnen sie ebenso wie Zuneigung und Respekt, aber obwohl es sie überall gibt und obwohl darüber viel geschrieben worden ist, ist sie begrifflich schwer zu

---

[19] 2019 lebten nur noch 48,8 % der Bevölkerung in der BRD in einer Familie. S. *Bevölkerung nach Lebensformen.* Bundeszentrale für politische Bildung. https://www.bpb.de/kurz-knapp/zahlen-und-fakten/soziale-situation-in-deutschland/61569/bevoelkerung-nach-lebensformen/.

fassen. Darauf, dass es eine private freiwillige Beziehung ist, wird man sich aber einigen können. Um Freundschaften zu schließen und zu leben, bedarf es geschützter Kommunikationsräume, in denen sich die Beteiligten äußern können, ohne befürchten zu müssen, dass das, was sie sagen gegen sie verwendet wird. Klingt das nach einer obsoleten Begriffsbestimmung? Gibt es solche Räume noch? Oder müssen wir davon als Voraussetzung von Freundschaft Abstand nehmen?

Nach einer Statistik hat sich die Verwendungshäufigkeit des Wortes *Freund* in den kurzen anderthalb Jahrzehnten von 2004 bis 2019 mit einem Faktor von 2,35 mehr als verdoppelt, die von englisch *friend* ist mit einem Faktor von 2,5 noch stärker angestiegen.[20] Sprachen verändern sich ohne Unterlass. Zu den Ursachen der zugenommenen Verwendungshäufigkeit von *Freund* liegt keine aktuelle Forschung vor, aber wir können konstatieren, dass 2004 Facebook gegründet wurde, um in kürzester Zeit rund um den Globus fußzufassen, wodurch auch neue sprachliche Konventionen entstanden. Sollten die kein wesentlicher Faktor für den inflationären Gebrauch von *friend, Freund, vriend, amis, amico* etc. sein? Wahrscheinlicher ist, dass der veränderte Sprachgebrauch Indiz gesellschaftlichen Wandels ist. Freundschaft als Beziehungspraxis hat sich durch die soziotechnische Transformation wie so vieles verändert. Nun könnte man zwischen Freunden und Online- oder Plattform-Freunden unterscheiden, aber erstens tut das kaum jemand[21] und zweitens wissen wir spätestens seit den medientheoretischen Untersuchungen Marshall McLuhan (1964), dass Medien nicht neutrale Mittel, sondern Wirkungsfaktoren sind.

Da soziale Medien dafür gedacht sind, Information auszutauschen, ist private Kommunikation im Internet anders als in vordigitalen Zeiten

---

[20] https://books.google.com/ngrams/graph?content=friend&year_start=1900&year_end=2019&corpus=en-2019&smoothing=3.

[21] Das muss allerdings insofern relativiert werden, als dass manche Gesellschaften ‚klassische' Freunde und Online-Freunde terminologisch voneinander unterscheiden. Im Japanischen z. B. sind erstere *shinyūjin* (echte Freunde) und letztere *furendo* (einem englischen Lehnwort nach *friend*). Neben diesen beiden gibt es noch eine ganze Reihe von Wörtern für die Bezeichnung verschiedener Arten von Freundschaft wie *tomodachi* (von Kindern), *yūjin* (unter Kollegen), *nakama* (gemeinsamer Interessen) u. a. Die Übernahme des englischen Lehnworts und die terminologische Vielfalt deuten darauf hin, dass die *Freundschaft* genannte zwischenmenschliche Beziehung im Japanischen konzeptuell stärker differenziert wird.

keine individuelle Angelegenheit mehr, denn was wir anderen mitteilen, beinhaltet vieles über eben diese anderen. Dass wir mit Freunden durch rein private Beziehungen verbunden sind, wird dadurch in Frage gestellt. Freundschaftsforschung verstehen Soziologen heute dementsprechend vor allem als Netzwerkforschung, was die Frage aufwirft, ob „Freundschaft als Netzwerk überhaupt noch eine Freundschaft ist" (Bude 2017) und „ob wir aktuell nicht sogar den Anfang vom Ende der ‚klassischen' Freundschaft als soziale Beziehungsform erleben" (Stiehler 2019, S. 12) . Im Zusammenhang mit sozialen Medien, Gaming, online Clubs und anderen online vermittelten Beziehungen sprechen manche Internet-Nutzer/innen von „Freunden" in Anführungsstrichen, womit sie darauf hinweisen, dass sie sehr wohl einen Unterschied zwischen solchen und solchen Freunden machen. Aber eine definitive Antwort auf die obige Frage zu geben, ob die klassische Freundschaft obsolet ist und Freundschaft heute auf ein Kettenglied der Selbstvermarktung reduziert ist, verbietet sich nicht nur deshalb, sondern auch wegen der notorischen Unschärfe sozialwissenschaftlicher Begriffe. Lange vor der digital vermittelten Transformation zwischenmenschlicher Beziehungen schlug Georg Simmel den in diesem Zusammenhang nützlichen Begriff der „differenzierten Freundschaft" vor, mit dem er die „moderne Gefühlsweise" höchst individualisierter Menschen von der absoluten, seelischen Vertrautheit, die den „ganzen Menschen mit dem ganzen Menschen verbindet" unterschied (Simmel 1993, S. 83). Das ist mehr als hundert Jahre her. Plattform-Freunde können in diesem Sinne als Verkörperung der noch weiter ausdifferenzierten Freundschaft in der Netzwerkgesellschaft angesehen werden. Festzuhalten ist, dass die tiefgreifenden Auswirkungen der Digitalisierung auf die Gesellschaftskonfiguration insgesamt auch zwischenmenschliche Beziehungen betreffen, die bislang als typisch privat verstandene wurden, wie etwa Partnervermittlung online, onlinebasierte Psychotherapien für Individuen und Gruppen, Online-Konfliktmediation, Online-Beratung bei sexueller Gewalt – und eben Freundschaft. Die Brieffreundschaft, sei nebenbei bemerkt, hat auch den Weg ins Internet gefunden, wie verschiedene Apps bezeugen, die dafür angeboten werden.

Die traditionelle private Freundschaft verschwindet nicht über Nacht, aber die Netzwerktechnologie hat neue Beziehungsformen entstehen lassen, die Privatheit durch die kommerzielle Ausbeutung immer größerer Datenströme zusehends in den Hintergrund drängen, was sich auch auf das Verständnis von Freundschaft auswirkt. Nichts zu den Datenströmen beizutragen und nicht daran teilzunehmen können sich immer weniger Menschen leisten, insbesondere der jüngeren Generationen, für die das Internet die Luft ist, die sie atmen. Wie die sich im Internet abspielende Expansion des Kapitalismus in unsere Privatsphäre eingedrungen ist und persönliche Beziehungen beeinflusst, wird vielfach gar nicht wahrgenommen – wie die Luft, die wir atmen. Die sozialen Medien verlangen von ihren Benutzern, nicht nur Mitteilenswertes mitzuteilen, sondern sich ihren Freunden darzustellen, ihr Selbst zu einer unverkennbaren Marke zu machen und durch diese Selbstdarstellung an ihrer eigenen Sichtbarkeit zu arbeiten. Zwischen Plattform-Freunden und privaten Freunden zu unterscheiden, wird dabei immer schwieriger, da sich beide Gruppen bei vielen Nutzern überschneiden, was zur Folge hat, dass die Zahl der Freunde und die der (echten) Freundschaften bei vielen Nutzern auseinandergehen. Nach Facebook-Statistiken haben Nutzer durchschnittlich 338 Freunde.[22] Aber wer pflegt 338 Freundschaften? Der Gegensatz zwischen der angestrebten digitalen Sichtbarkeit, die das Verhältnis zu Plattform-Freunden bestimmt, und den vertraulichen Kommunikationsformen in privaten Rückzugsräumen, die dasjenige zu Freunden favorisiert ist ein Charakteristikum der Netzwerkgesellschaft.

Kryptisch

Als Nebenprodukt der Digitalisierung hat dieser Gegensatz das an sich widersprüchliche Bedürfnis nach Privatheit im Internet hervorgebracht. Widersprüchlich ist es für alle, die sich daran erinnern, dass der virtuelle Raum ursprünglich als eine Sphäre konzipiert war, die allen offenstehen sollte, ohne von Werbung und anderen Angriffen belästigt zu werden. Das ist heute ein Luxus, für den man bezahlen muss, indem man werbefreie Apps kauft und Punkt-zu-Punkt-Verschlüsselungs-Software. Die Kryptologie – Wissenschaft von der Verschlüsselung von Daten – ist

---

[22] https://truelist.co/blog/facebook-statistics/.

nicht zuletzt deshalb zu einem wichtigen Teilgebiet der Informatik geworden, von dem sich manche die Rettung der Privatsphäre in der Netzwerkgesellschaft erhoffen. Kryptografische Verfahren sollen die Daten dadurch vor unbefugtem Zugriff schützen, dass nur die beteiligten Parteien über den Schlüssel verfügen. Manche dieser Verfahren sind inzwischen so gut, dass sie als unbrechbar gelten. Dass jedoch auch sie keine absolute Sicherheit garantieren, zeig die ständig zunehmende und diversifizierende Cyberkriminalität, die nicht nur von der Nachlässigkeit vieler Nutzer profitiert, sondern immer neue Angriffspunkte in einer ursprünglich für Offenheit konzipierten, heute hauptsächlich der Gewinnmaximierung weniger Unternehmen dienenden Infrastruktur findet.

Für die Sicherheit der Datenübermittlung gibt es verschiedene Definitionen und Szenarios, was absolute Aussagen darüber erschwert, ob die Abschirmung einer Privatsphäre im Internet überhaupt möglich ist. Wer den Schutz der Privatsphäre in der Kryptografie sucht, muss jedenfalls damit rechnen, dass die Standards von IT-Sicherheit und Privatheit kurzlebig sind. Wenn große Quantencomputer Wirklichkeit werden, konstatieren jetzt bereits die Cyber-Sicherheits-Experten Reverone und Savage (2023, S. 8), müssen gängige Verschlüsselungsmethoden aufgegeben werden. Die Gestaltung von öffentlichen Netzwerken, Betriebssystemen und Sicherheitsvorkehrungen befindet sich im dauernden Wettlauf mit neuen Computerviren, Erpressungs-Trojanern, Schadstoffware und Methoden der Auffindung oder des Erratens von kryptografischen Schlüsseln. Gleichzeitig wetteifern staatliche Akteure mit Hackern (in böser oder guter Absicht) darum, Verschlüsselungen zu brechen. Privatheit kommt dabei – zwischen die Räder, wäre die falsche Metapher, zwischen die Bits, vielleicht etwas weniger.

Diskrepanzen

Informationelle Privatheit steht heute im Mittelpunkt praktisch jeder Diskussion über Privatheit, was Anlass ist, darüber nachzudenken, ob bzw. inwieweit Privatheit zusehends zur Fiktion und zum Luxus wird. Diese Frage stellt sich, weil die soziotechnische Transformation unseres Lebens mit vielen Diskrepanzen verbunden ist. Wir wissen mehr, und wir wissen weniger, ist eine davon. Die enorme Ausweitung der Wissenserzeugung und -vermittlung durch die Digitalisierung umfasst auch das Wissen über jeden und jede von uns, das zu Daten geworden ist, deren Details und Zweckbestimmung uns häufig verborgen bleiben. Welche uns betreffenden Informationen privat sind und welche für welchen Zweck von wem vereinnahmt worden sind, entzieht sich unserer Kenntnis.

Privatheit von Daten betrifft nicht nur die Sichtbarkeit von Information, sondern auch die Kontrolle darüber und das Gefühl, diesbezüglich Entscheidungen treffen zu können. Unvernetzte Sozialisation ist praktisch unmöglich geworden, und die in individualistischen Kulturen mehr denn je verlangte „Selbstverwirklichung" vollzieht sich zum großen Teil durch digitale Kommunikation. In Anbetracht dessen, dass die Rahmenbedingungen der digitalen Sichtbarkeit von einigen wenigen Firmen und staatlichen Akteuren bestimmt werden, nimmt sich das wie ein Widerspruch aus. Die Entscheidung über die Sichtbarkeit von Daten wird dadurch eingeschränkt. Wer darüber nachdenkt, kann mit Privatheitseinstellungen den Kreis der Plattformfreunde begrenzen, Punkt-zu-Punkt-Verschlüsselung gebrauchen oder von algorithmischen Filtern noch nicht erfassten Slang verwenden, um die Zensur der Plattformen oder staatlicher Akteure zu umgehen (Coulmas 2022). Aber das Spannungsverhältnis zwischen Selbstbestimmung und Überwachung bleibt, wie auch das zwischen Sichtbarkeit und Vertraulichkeit, Schutz und Freiheit und Wissen für uns und Wissen über uns. Wir vertrauen darauf, dass der Staat helfen wird, die neue Privatsphäre – die im digitalen Raum – zu schützen, und gleichzeitig fürchten wir, dass der Staat zu einer Bedrohung der Privatsphäre wird. Wie selbstbestimmt ist die Selbstbestimmung in der Privatsphäre des soziodigitalen Raums? Diese Frage hat offensichtlich eine historische Dimension, da sie bis vor einer Generation niemand stellte. Heute muss sie angesichts vieler Diskrepanzen untersucht werden und vor dem Hintergrund der Konzentration der Daten- und Wissensmacht bei wenigen Konzernen und staatlichen Stellen, was ganz wesentlich auch eine Herausforderung für die Politik ist.

Mit Ihrer Anmeldung bestätigen Sie die Kenntnisnahme der Datenschutzhinweise der …

5

Politik und Recht

*Niemand darf willkürlichen Eingriffen
in sein Privatleben, seine Familie, sein
Heim oder seinen Briefwechsel noch
Angriffen auf seine Ehre und seinen
Ruf ausgesetzt werden. Jeder Mensch
hat Anspruch auf rechtlichen Schutz
gegen derartige Eingriffe oder Anschläge.
Allgemeine Erklärung der Menschen-rechte Art. 12*

*… ist die Rechtsgrenze [des] Einbruchs
in das geistige Privateigentum
außerordentlich schwer zu ziehen*

(Georg Simmel 1993, S. 278)

Das Recht auf Privatheit im Digitalen Zeitalter

Wie kulturell geprägt das Verständnis von Privatheit ist, haben wir in Kap. 3 gesehen, und in Kap. 4, dass Vergesellschaftung und zwischenmenschliche Beziehungen in westlichen Gesellschaften durch die Digitalisierung verändert worden sind und weiter verändert werden, was weitreichende Konsequenzen für Privatheit hat. Um die Folgen dieser Entwicklung für Politik und Recht geht es in diesem Kapitel.

Technisch betrachtet ist das Internet ein grenzenloses Netzwerk von Netzwerken, und so war es ursprünglich konzipiert. Es sollte allen Menschen unabhängig von Landesgrenzen, Staatsangehörigkeit und nationalem Recht Zugang gewähren, um sich in dem neu eröffneten Raum menschlicher Aktivität frei zu bewegen. Das historisch Neue an dieser technischen Vernetzung ist ihre Reichweite, die es uns erlaubt, an Konferenzen teilzunehmen, gleichviel, wo sie stattfinden, uns so gleichzeitig in mehreren Zeitzonen aufzuhalten, den Vulkanausbruch in Island, den Wirbelsturm an der Ostküste Australiens und die Überschwemmung in Sri Lanka live zu beobachten, Studierende zu unterrichten, von denen wir nicht wissen, wo sie sind, Produkte einer globalen Käuferschaft anzubieten und Verbindungen für alle erdenklichen Zwecke zu Personen irgendwo auf dem Planeten herzustellen, auf dem es mittlerweile mehr als doppelt so viele digitale Mobilgeräte wie Menschen gibt.[1] Auch wenn es uns manchmal so vorkommen mag, leben wir aber nicht im virtuellen Raum, sondern in Städten und Provinzen bestimmter Länder, deren Normen, Gesetze, Bildungs- und Arbeitsmöglichkeiten unser Leben bestimmen wie auch die Rahmenbedingungen unserer Privatsphäre. Daraus resultiert eine gewisse Spannung, da die Frage, „Wo ist das Internet?" zwei gleichermaßen richtige Antworten hat: „Überall" und „hier, in der Straße, wo ich wohne". In Bezug auf die Privatsphäre ist das eine Herausforderung, der sich Politik und Recht nicht entziehen können.

Eine Privatsphäre ist erwünscht. Die Allgemeine Erklärung der Menschenrechte der Vereinten Nationen vom 10. Dezember 1948 hat das mit universellem Anspruch verkündet, wie oben zitiert. Familie, Wohnung, Briefwechsel, Ehre und Ruf werden als Inhalte, die Anspruch auf rechtlichen Schutz haben, beispielhaft genannt, womit suggeriert wird, dass wir wissen, was das Privatleben ist. Wenn das zu einer juristischen Frage wird, kann die „Rechtsgrenze" dennoch schwer zu ziehen sein, sicherlich heute, mehr als ein Jahrhundert nach Georg Simmels

---

[1] https://www.statista.com/statistics/245501/multiple-mobile-device-ownership-worldwide/.

oben zitierter Bemerkung und im Angesicht eines Rechtsbereichs, den es noch nicht sehr lange gibt und der sich rapide entwickelt.

Die Vereinten Nationen haben deutlich Stellung bezogen und wiederholt betont, dass der virtuelle Raum kein rechtsfreier Bereich wie der Wilde Westen sein soll, der es in vieler Hinsicht bis 2013 war. Damals deckte der ehemalige Mitarbeiter der amerikanischen National Security Agency (NSA) Edward Snowden dessen kriminelle Überwachungsmethoden auf, die von großen amerikanischen Firmen wie Facebook unterstützt wurden und an denen auch der Bundesnachrichtendienst (BND) beteiligt war. Aus den von Snowden veröffentlichten Dokumenten ging u. a. hervor, dass der BND Druck auf die Bundesregierung ausübte, Gesetze zum Schutz der Privatsphäre locker auszulegen, um den Austausch geheimdienstlicher Information mit den USA zu erleichtern (BPB 2016). Bei den im Bundestag vertretenen Parteien erregte das Missfallen, was letztlich auch in der UN-Resolution 68/167 vom 18. Dezember 2013 zum Ausdruck kam. Diese gemeinsam von der deutschen und brasilianischen Regierung in die UN-Generalversammlung eingebrachte Resolution über *Das Recht auf Privatheit im Digitalen Zeitalter*[2] anerkennt in Abs. 2, „den globalen und offenen Charakter des Internets" und bekräftigt in Abs. 3, „dass dieselben Rechte, die Menschen offline haben, auch online geschützt werden müssen, einschließlich des Rechts auf Privatsphäre" (UN 2014). Die Resolution hebt überdies hervor, „dass rechtswidrige oder willkürliche Überwachung und das Sammeln personenbezogener Daten als höchstinvasive Handlungen die Rechte auf Privatsphäre und freie Meinungsäußerung verletzen und den Grundsätzen einer demokratischen Gesellschaft widersprechen" (UN 2014). Sie ist überdies auch als Kritik an den USA nach dem Edward Snowden-Skandal verstanden worden, als die sie sicher von der deutschen und brasilianischen Regierung auch gemeint war. Die USA spielten und spielen in dieser Hinsicht eine besondere Rolle; denn, obwohl sich die Ideologie der Freiheit und des kleinen Staates nirgends größerer Zustimmung erfreut, war das für den Staat kein Hinderungsgrund, Millionen Bürgerinnen und Bürger ins Visier zu nehmen, um ihre Privatsphäre unter Miss-

---

[2] 68/167. Das Recht auf Privatheit im Digitalen Zeitalter. https://documents-dds-ny.un.org/doc/UNDOC/GEN/N02/221/67/PDF/N0222167.pdf?OpenElement.

achtung ihrer Meinungsfreiheit und informationellen Selbstbestimmung zu schänden. Vor dem Hintergrund der NSA-Enthüllungen thematisierte die Resolution den Zusammenhang zwischen Privatsphäre und Demokratie, der in der digitalen Gesellschaft immer brisanter wird.

Die mit der Resolution 68/167 erhobene Forderung, „dieselben Rechte, die Menschen offline haben, auch online" zu schützen, suggeriert, dass die Entstehung der Online-Welt als eines neuen Interaktionsraums in dieser Hinsicht keinen Unterschied macht, was auch von manchen Vorschriften und Gesetzen auf nationaler und internationaler Ebene vorausgesetzt wird. Von selbst versteht sich das jedoch nicht, sondern gibt Anlass zu der Frage, ob die erhobene Forderung realistisch ist; denn das Internet ist eine technische Innovation mit Auswirkungen auf Politik, Wirtschaft und Gesellschaft, die in den späten 1940er-Jahren, als die Allgemeine Erklärung der Menschenrechte vorbereitet wurde, nicht absehbar waren. Oder doch?

> Der Telebildschirm empfing und sendete gleichzeitig. Jedes Flüstern würde aufgefangen werden. Es gab natürlich keine Möglichkeit zu wissen, ob man zu einem bestimmten Zeitpunkt beobachtet wurde.

Das schrieb im Jahr der Verabschiedung der Erklärung der Menschenrechte, 1948, Georg Orwell (1983, S. 2 f.). Dystopisch und furchterregend damals, aber immerhin vorstellbar. Inzwischen nicht nur wahr geworden, sondern weit übertroffen. So ist es insbesondere im virtuellen Raum leichter, an persönliche Daten heranzukommen, Personen zu überwachen und ihre Identität zu stehlen, als es im prädigitalen Zeitalter je war. Auf die neuen Eigenschaften computervermittelter und Online-Kommunikation waren wir schon im Zusammenhang mit dem neuen „Strukturwandel der Öffentlichkeit" im vorigen Kapitel zu sprechen gekommen. Und dass personenbezogene Daten zur Handelsware werden sollten, erwartete in jener Zeit auch niemand. Dadurch ist die Online-Kommunikation mit viel größeren Risiken verbunden als Kommunikation offline. Dessen ungeachtet wird der Schutz der Privatsphäre im Internet nach wie vor angestrebt. Ein frommer Wunsch, für Skeptiker; eine schwierige Aufgabe, der wir uns stellen müssen, für Optimisten.

So nennen die UN-Prinzipien für den Schutz personenbezogener Daten und der Privatsphäre, Abs. 3, als eines der Prinzipien „die Menschenrechte und Grundfreiheiten des Einzelnen, insbesondere das Recht auf Privatsphäre zu achten" (UN 2018). Und das Datenschutz- und Privatsphärenprogramm des Generalsekretärs der Vereinten Nationen von 2020–22 stellte einen Katalog von Maßnahmen vor, von denen erwartet wird, dass die Einbeziehung aller in die Stärkung dieses Programms nicht nur Risiken reduzieren, sondern auch neue „Möglichkeiten schaffen wird, den Schutz der Menschenrechte zu stärken" (UN 2020–22). UN-Generalsekretär António Guterres wurde nicht müde zu betonen, wie notwendig das ist. KI habe dem, wie er erklärte, einen gänzlich neuen Bereich hinzugefügt: „Künstliche Intelligenz kann den Fortschritt in Richtung eines würdevollen Lebens in Frieden und Wohlstand für alle Menschen beschleunigen [...] aber es gibt auch ernsthafte Herausforderungen und ethische Probleme, die berücksichtigt werden müssen, worunter Cybersicherheit, Menschenrechte und Privatsphäre" (UN 2019).

Im globalen Rahmen, den die UNO mit ihren Unterorganisationen eher repräsentiert als alle anderen Organisationen, nimmt der Schutz der Menschenrechte, insbesondere der Privatsphäre, einen wichtigen Platz ein. Die Allgemeine Erklärung der Menschenrechte ist aber nicht rechtlich verbindlich. Was bedeutet das für die Durchsetzung dieser Rechte? Wer verteidigt sie im virtuellen Raum, und wenn nicht da, wo dann?

Die Menschenrechte sind nicht rechtlich verbindlich, weil Recht hauptsächlich auf der Grundlage nationaler Gesetze praktiziert wird. Sie werden deshalb in vielen Ländern auf die eine oder andere Weise ins nationale Recht integriert. Um nur drei Beispiele zu nennen, in Frankreich wurde der Schutz der Privatsphäre 1948 gemeinsam mit der Allgemeinen Erklärung der Menschenrechte in der Verfassung verankert. Nach Artikel 9 des Zivilgesetzbuches hat jeder "das Recht auf Achtung seines Privatlebens (*sa vie privée*)."[3] In der niederländischen Verfassung, Art. 10, Abs. 1 heißt es: „Jeder hat, unbeschadet der Einschränkungen durch Gesetz oder kraft Gesetzes, das Recht auf Wahrung seiner Privatsphäre (*per-*

---

[3] Légifrance, https://www.legifrance.gouv.fr/codes/article_lc/LEGIARTI000006419288.

soonlijke levenssfeer)."[4] In der 1948 in Kraft getretenen italienischen Verfassung finden sich zahlreiche implizite Hinweise auf den Schutz der Privatsphäre, die spätere Regelungen vorwegnehmen, wie die Artikel 14 (Schutz der häuslichen Privatsphäre), 15 (Briefgeheimnis) und 21 (Meinungsfreiheit), die sich auf persönliche Rechte im Sinne der Menschenrechtserklärung beziehen.[5]

Im Grundgesetz (GG) der BRD steht der Schutz der Privatsphäre in Sinne der Menschenrechte ganz obenan in Artikel 1 und 2, die das Persönlichkeitsrecht begründen, wonach alle Menschen das Recht auf Achtung ihrer Würde und ihres Wertes als Person haben und die ihren Anspruch auf Abwehr öffentlicher (staatlicher) Gewalt begründen. Hieraus wird im Privatrecht ein allgemeines Persönlichkeitsrecht abgeleitet, das sich auf die Ehre und den privaten häuslichen Bereich, das Briefgeheimnis und die Intimsphäre erstreckt und die Entfaltung der Persönlichkeit garantiert. Hierunter fällt heute ebenfalls das Recht auf informationelle Selbstbestimmung, dem bei der Entwicklung des GG abgesehen vom Post- und Fernmeldegeheimnis (Art. 10) noch nicht viel Aufmerksamkeit geschenkt wurde.

Die Idee eines Rechts auf Privatheit und individuelle Selbstbestimmung griff in den 1970er-Jahren um sich und 1977 verabschiedete der Bundestag richtungweisend ein Gesetz zum Schutz vor Missbrauch personenbezogener Daten.[6] In den frühen 80er-Jahren wurde das Thema im Zusammenhang mit der für 1983 geplanten Volkszählung akut. Wie bei der Volkszählung 1969 sollten auch 1983 Einwohnerzahl, Arbeitsstätten, Wohnverhältnisse, ausgeübte Berufe, Einkünfte sowie Daten über die demographische und sozioökonomische Struktur der Bevölkerung erhoben werden. Gegen das zu diesem Zweck verabschiedete Volkszählungsgesetzt 1983 legten jedoch zahlreiche Bürgerinnen und Bürgern (Abb. 5.1) und legten wegen der die Privatsphäre bedrohenden Vielfalt der zu erhebenden Daten Verfassungsbeschwerde ein. Sie sahen in der Erhebung eine „Totalerfassung" durch einen sich herausbildenden „Über-

---

[4] Nederlandse Grondrechten, https://www.nederlandsegrondrechten.nl/grondrechten/191-artikel-10.

[5] Costituzione italiana, Titolo I – Rapporti civili, https://www.governo.it/it/costituzione-italiana/parte-prima-diritti-e-doveri-dei-cittadini/titolo-i-rapporti-civili/2844.

[6] https://www.bgbl.de/xaver/bgbl/start.xav#__bgbl__%2F%2F*%5B%40attr_id%3D%27bgbl177s0201.pdf%27%5D__1703686013091.

Abb. 5.1 Protestaufkleber anlässlich der Volkszählung in der BRD 1987. (Quelle: Plakat aus dem Bestand der Stiftung Deutsches Historisches Museum, Urheber nicht zu ermitteln)

wachungsstaat" (Abb. 5.2). Die Erinnerung an den ersten Zensus im Dritten Reich spielte für manche dabei eine Rolle. Dem NS-Regime diente die Volkszählung von 1933 u. a. dazu, Daten über in Deutschland geborene und zugezogene Juden zu sammeln, um dann das Gesetz über den Widerruf von Einbürgerungen und die Aberkennung der deutschen Staatsbürgerschaft zu erlassen. Das war ein erschreckendes Beispiel für den Missbrauch vom Staat systematisch erhobener personenbezogener Daten, ein erstes Beispiel, dem weitere folgten, die über die „Volkskartei" und die „Kennkarte"[7] direkt zur „Endlösung" führten. Ob im Hinblick auf die düstere Geschichte oder nicht, das Bundesverfassungsgericht nahm die Beschwerde gegen das Volkszählungsgesetzt 1983 sehr ernst und erlies eine einstweilige Verfügung, aufgrund derer der Zensus für die Dauer des Prozesses ausgesetzt wurde.

Das politische Klima in den 1980er-Jahren war aufgeheizt, und wie aus den oben zitierten Parolen hervorgeht, betraf der Protest gegen die Volkszählung vor allem die Erhebung personenbezogener Daten, die mit einer Verletzung der Privatsphäre durch den Staat gleichgesetzt wurde.

---

[7] Ein 1938 eingeführter verpflichtender Identitätsausweis, auf dem die „nicht-arische Abkunft" von Juden vermerkt war.

> • Das Betreten der Privatsphäre ist *Volkszählern* strengstens *verboten*
>
> • Volkszählung ohne mich!
>
> • Volkszählung – verdatet und verkauft
>
> • Wenn der Zähler morgen kommt ... behalte Deine Maske auf
>
> • Volkszählungsboykott /// Die Grünen
>
> • Laß dich nicht erfassen!
>
> • Boykott! Verzählt Euch bloß nicht!
>
> • Totale Überwachung ohne mich – meine Daten kriegt ihr nicht
>
> • Nur Schafe lassen sich zählen
>
> • Volksbefragung '87 – 10 Minuten, die Sie noch bereuen werden
>
> • Volkszähmung

Abb. 5.2. Plakataufschriften und Graffiti anlässlich der Volksbefragung 1987. (Eigene Zusammenstellung Florian Coulmas)

Vor diesem Hintergrund beschäftigte sich das Volkszählungsurteil ausführlich mit der Frage, welche Arten von Daten der Staat im Interesse rationalen, planvollen Handelns erheben können soll und, was besonders wichtig werden würde, etablierte das „Recht auf informationelle Selbstbestimmung".[8] Die 215 Seiten umfassende Urteilsbegründung kam zwar zu dem Ergebnis, dass das Gesetz dem Grundsatz der Verhältnismäßigkeit entsprach, aber die Volkszählung konnte trotzdem erst 1987 nach geänderter Rechtslage durchgeführt werden.

„Verhältnismäßigkeit" ist hier ein wichtiges Stichwort, denn ebenso, wie sich die Privatsphäre in den vorausgegangenen Kapiteln als ein Bereich erwiesen hat, der sich nicht scharf von anderen gesellschaftlichen

---

[8] Beschluss des Volkszählungsgesetzes 1983. https://www.bundestag.de/webarchiv/textarchiv/2012/38024038_kw10_kalender_volkszaehlung-207898.

Bereichen abgrenzen lässt, sind auch Eingriffe in dieselbe nicht kategorisch zu beurteilen, sondern kontextuell, in Anbetracht konkreter Umstände. Bezüglich des Volkszählungsgesetzes heißt es in der Urteilsbegründung, dass es „zwar in die Privatsphäre jedes einzelnen Einwohners eingreife, dass der Eingriff aber von geringer Intensität sei, weil die Erhebung keine den Intimbereich betreffenden Daten erfasse und die Fragen auch in ihrer Kumulierung keine wesentliche Beeinträchtigung der Persönlichkeitssphäre ergäben."[9] Dennoch wurde die Verfassungsbeschwerde nicht pauschal abgewiesen, und in der Folge des Verfahrens wurde die Urteilsbegründung zu einer wichtigen Leitlinie für den rechtlichen Umgang mit der Privatsphäre. Über Verwendung und Preisgabe persönlicher Daten sollten Individuen selbst bestimmen und sie sollten wenigstens grundsätzlich jederzeit wissen können, „wer was wann und bei welcher Gelegenheit über sie weiß" (BVerfG 1983, S. 33). Das sei, so das Urteil, nicht nur für die Rechte des Einzelnen wichtig, sondern auch für die Gesellschaft. Die Beeinträchtigung der informationellen Selbstbestimmung sei eine Beeinträchtigung des Gemeinwohls, „weil Selbstbestimmung eine elementare Funktionsbedingung eines auf Handlungs- und Mitwirkungsfähigkeit seiner Bürger begründeten freiheitlichen demokratischen Gemeinwesens ist" (BVerfG 1983, S. 33 Fn.8).[10]

Im Zusammenhang mit der Vorbereitung der Volkszählung 2022, die im Unterschied zu der von 1987, bei der noch alle erwachsenen Bürgerinnen und Bürger unmittelbar befragt worden waren, als registergestützter Zensus auf der Grundlage von Stichproben durchgeführt wurde, bemerkt der Bundesbeauftragte für den Datenschutz und die Informationsfreiheit:

> Die Geschichte der Volkszählungen in Deutschland hat maßgeblich auch das hiesige Datenschutzrecht geprägt: Das ursprüngliche Gesetz zur Durchführung einer Volkszählung im Jahr 1983 war vom Bundesverfassungsgericht in Teilen für verfassungswidrig erklärt und die Zählung damit

---

[9] BVerfG, Urteil des Ersten Senats vom 15. Dezember 1983, 1 BvR 209/83 -, Rn. 1-215, https://www.bverfg.de/e/rs19831215_1bvr020983.html, Fundstelle(n) BVerfGE 65, 1–71.
[10] A.a.O Fn. 8, BvR 209/83 -, Rn. 1-215.

gestoppt worden. Seitdem gehören das Volkszählungsurteil und das darin erstmals ausgeprägte Grundrecht auf informationelle Selbstbestimmung zu den tragenden Säulen des Datenschutzes (Bundesbeauftragte für Datenschutz und Informationsfreiheit 2022).[11]

Einschränkungen des Rechts auf informationelle Selbstbestimmung, heißt es in Absatz 2 des Urteils, sind nur im überwiegenden Allgemeininteresse zulässig. Auch hier wird der doppelte Charakter des Rechts auf informationelle Selbstbestimmung betont, das sowohl mit individuellen als auch mit gesellschaftlichen Interessen verbunden ist. Hinzukommen wirtschaftliche Interessen, die zu einer immer größeren Herausforderung für den Schutz der Privatsphäre werden, worauf noch näher einzugehen ist (s. Kap. 6, Abschn. „Verhandlungssache Privatheit"). In jedem Fall bedürfen Einschränkungen einer verfassungsgemäßen gesetzlichen Grundlage. Eine weitere Bestimmung betrifft die Art von Daten, die für Zwecke der Volkszählung erhoben werden. Zu unterscheiden sei „zwischen personenbezogenen Daten, die in individualisierter, nicht anonymer Form erhoben und verarbeitet werden, und solchen, die für statistische Zwecke bestimmt sind" (*ibd.*). Diese Unterscheidung bzw., allgemeiner gesagt, die spezielle Natur der personenbezogenen Daten, die es zu schützen gilt, ist seither immer wichtiger geworden. Zur Zeit des Volkszählungsgesetzes 1983 gab es zwar computergestützte Datenbanken und digitale Analyseverfahren, aber mit dem Internet haben Erfassung, Quantität und Verwertung personenbezogener Daten seit den 1990ger Jahren gänzlich neue Dimensionen angenommen. Durch die Analyse kulminierter Daten – von Suchverhalten im Netz, Emailverkehr und Teilnahme an sozialen Medien, Standortbestimmung durch IP-Adresse, Einkaufhistorie, GPS-Bewegungsaufzeichnungen, etc. – können Personenprofile (digitale Dossiers) von einer noch vor einer Generation unvorstellbaren Genauigkeit erstellt werden. Das hat Konsequenzen für den Umgang mit Daten und den Schutz der Privatsphäre. Drei Aspekte gilt es dabei gegeneinander abzuwägen, Recht, Kommerz und Persönlichkeit.

---

[11] https://www.bfdi.bund.de/DE/Buerger/Inhalte/Inneres-Archive/Meldewesen/Zensus.html.

Recht, Kommerz, Persönlichkeit

Interessen an personenbezogenen Daten sind vielfältig und oft umstritten. Die hier vorgenommene Fokussierung auf drei Aspekte heißt nicht, dass es nicht noch andere gäbe wie z. B. die Verarbeitung von Daten für Zwecke wissenschaftlicher Forschung, z. B., wie Covid 19 uns gelehrt hat, in der Epidemiologie. Wir konzentrieren uns hier aber auf Daten als Mittel des Rechtsstaats, Daten als Wirtschaftsgut in einem begrenzten Markt und Daten als individuelles Gut bzw. Anspruch. Wie verhalten sich diese drei Aspekte zueinander, und wie ist dieses Verhältnis gesetzlich zu regeln? Antworten auf diese Frage müssen zunächst im nationalen Rahmen gefunden werden, können aber nicht darauf beschränkt sein, denn mangels einer übergeordneten transnationalen Autorität hat die globale Natur des Internets seine Regulierung überall für den grenzüberschreitenden Datenverkehr notwendig gemacht.

Recht Der moderne Staat beruht auf der Abgrenzung seines Territoriums und der Bevölkerung, die dazugehört, den Staatsangehörigen. Sie beinhaltet ein Rechts- und Schutzverhältnis zwischen dem Staat und seinen Angehörigen. Ein Leben ohne dieses Rechts- und Schutzverhältnis zu führen (als Staatenlose), ist beschwerlich und nachteilig, denn ohne Staatsbürgerschaft entfallen gewöhnlich Schulpflicht bzw. das Recht auf Schulbildung, medizinische Versorgung, Wahlrecht, Anrecht auf Sozialhilfe, andere Rechtsansprüche nach dem Sozialstaatsprinzip und Reisepass. Deshalb ist die Registrierung der Geburt eines Kindes so wichtig; denn obwohl die Geburtsurkunde nicht unbedingt die Staatsangehörigkeit attestiert, ist es ohne eine solche schwierig, die Staatsangehörigkeit bzw. den Anspruch darauf nach dem Abstammungsprinzip (*ius sanguinis*) oder dem Geburtsortsprinzip (*ius soli*) nachzuweisen. Die Geburtsurkunde beinhaltet die ersten personenbezogenen Daten, die uns in aller Regel durchs ganze Leben begleiten: Rufname und Familienname, Geburtsort, Geburtsdatum, Staatsangehörigkeit (veränderlich: Adresse). Ab einem bestimmten Alter, 16 Jahre in der BRD, müssen Staatsangehörige und Personen, die sich auf dem Staatsgebiet aufhalten, einen amtlichen Identitätsnachweis besitzen, der die gleichen oder ähnliche Informationen beinhaltet und ein Lichtbild. Personalausweis, Reisepass oder Führerschein können diese Funktion erfüllen. Geburtsurkunde und Identitätsnachweis sind Beweis dafür, dass eine Person existiert, jedenfalls für staatliche Zwecke. Deshalb ist für den Staat, wenn auch nicht für den/die Betroffene/n, die Registrierung des Lebensendes ebenso wichtig wie die des Anfangs. So sind Hinterbliebene verpflichtet, den relevanten Behörden das Ableben einer Person mitzuteilen, z. B. damit keine Renten bezahlt werden, auf die kein Anspruch besteht.

Geburtsurkunde und Sterbeurkunde sind der traditionelle Rahmen der Identifizierungspflicht moderner Staatsangehöriger. Hinzukommen andere Daten wie Wohnadresse, Steuernummer, Telefon- und Mobilfunknummer, Sozialversicherung, Grundbuch, Fahrzeug-Identifizierungsnummer, Bonität, Einträge im Vorstrafenregister und im Fahreignungsregister, die dem Staat zugänglich sind. Darüber hinaus hat die Digitalisierung s dem Staat ermöglicht, eine riesige und noch immer wachsende Menge von Daten über Einzelpersonen zu erfassen, auf legalen oder erst unlängst legalisierten Wegen wie z. B. dem Setzen von Staatstrojanern, deren Einsatz durch Polizei und Nachrichtendienste vom Bundestag 2021 legalisiert, aber schon vorher praktiziert wurde.[12] Je mehr Daten Ermittlungsbehörden zur Verfügung stehen, desto erfolgreicher können Straftaten aufgeklärt oder verhindert werden. Das ist ein starkes Argument dafür, dass Behörden Personendaten sammeln, das durch die Hoffnung auf mögliche präventive Terrorismusabwehr noch unterstützt wird. Da Aufbereitung und Analyse großer Datenmengen Sachkenntnis und Fachkräfte erfordern, über die staatliche Einrichtungen nicht unbedingt in dem erforderlichen Ausmaß verfügen, ziehen manche Experten jedoch die Triftigkeit des unterstellten Zusammenhangs zwischen Datensammlung und effektiver Strafverfolgung bzw. -verhinderung in Zweifel. Insbesondere manche NGOs sehen darin statt der erwünschten verbesserten öffentlichen Sicherheit nicht erwünschte staatliche Eingriffe in die Privatsphäre.

Beispielhaft zu nennen ist die *Gesellschaft für Freiheitsrechte*, die mit strategischen Gerichtsverfahren gegen Überwachung durch Polizei und Geheimdienste vorgeht, die mit (zu) großen Befugnissen für das Sam-

---

[12] S. digitalcourage. Staatstrojaner: Chronologie des staatlichen Hackings. https://digitalcourage.de/staat-und-geheimdienste/staatstrojaner-chronologie.

meln und die Vorratsspeicherung von Personendaten ausgestattet sind. Verfassungsbeschwerden sind ein weiteres Mittel, das sie einsetzt, um der überhandnehmenden Verdatung persönlicher Informationen durch den Staat Einhalt zu gebieten, z. B. gegen das Ausländerzentralregister-Gesetz. „Der Umfang der im Ausländerzentralregister gespeicherten Daten ist völlig unverhältnismäßig", argumentiert die Juristin Sarah Lincoln und fragt: „Wofür soll es erforderlich sein, die Asylbescheide mitsamt hochsensiblen Angaben zu Flucht, psychischer Verfassung oder politischer Verfolgung zentral zu speichern und tausenden Behörden zugänglich zu machen?"[13] Hier geht es nicht nur um die durch die Digitalisierung möglich gewordene Überwachung, sondern auch um Diskriminierung, gegen die sich die Gesellschaft für Freiheitsrechte richtet. „Der Schutz der Privatsphäre und der Selbstbestimmung über die eigenen Daten ist dabei elementar."[14]

Die Herausforderung für den Gesetzgeber ist es, diesen Grundsatz bei der Regulierung des Verkehrs im Internet nicht aus den Augen zu verlieren. Das ist schwierig, weil der Online-Raum noch immer in mancher Hinsicht terra incognita ist, wo nicht nur Recht gesprochen, sondern auch geschaffen werden muss, und die zu ihren Gunsten zu gestalten, IT-Konzerne mehr Ressourcen haben als manche Staaten. NGOs wie die Gesellschaft für Freiheitrechte und *noyb* (none of your business) neben vielen anderen wissen, dass Profitstreben, der Motor der bestehenden Gesellschaftsordnung, keinen Anlass bietet, darauf zu vertrauen, dass Unternehmen Privatheit respektieren. Wenn sie nicht von Gesetzgeber und Aufsichtsorganen daran gehindert und bei Nichtbefolgung bestraft werden, verwenden Unternehmen, die auf diesem Gebiet tätig sind, persönliche Daten und benutzen sie willkürlich für ihre Zwecke. Der von Cambridge Analytica 2018 verursachte Datenskandal ist ein Paradebeispiel. Daten von mehr als 50 Mio. Nutzer/innen sozialer Medien in den Vereinigten Staaten und Europa wurden dabei über ihr Verhalten auf Facebook gesammelt, analysiert und für die politische Verwendung bei Wah-

---

[13] https://freiheitsrechte.org/themen/soziale-teilhabe/azr.
[14] Gesellschaft für Freiheitsrechte, https://freiheitsrechte.org/themen/unsere-schwerpunkte.

len registriert (Dowd 2022, S. 3). Um solchen Missbrauch zu verhindern, bedarf es geeigneter Gesetze und Institutionen, die ihre Anwendung kontrollieren.

Kommerz Für Wirtschaftsunternehmen sind Bürgerinnen und Bürger Konsumentinnen und Konsumenten. In dieser Allgemeinheit galt das schon in der Industriegesellschaft; in der digitalen Gesellschaft kommt die Personalisierung der einst anonymen Verbraucher auf der Grundlage demographischer, geographischer und verhaltensbezogener Daten als neues Geschäftsmodell hinzu. Es ist ein Geschäftsmodell, das einen zunehmend prägenden Einfluss auf Gesetzgebung und Gesellschaft hat und grundsätzlich mit dem Schutz der Privatsphäre in Konflikt steht, da Unternehmen von ihrer Kundschaft mehr wissen wollen, als diese freiwillig preiszugeben bereit ist. Angesichts der wachsenden ökonomischen Bedeutung des Internets nicht nur für Online-Handel und Werbung, sondern für praktisch alle Geschäftsaktivitäten – B2B –, muss diesem Umstand, wenn es um die Zukunft der Privatheit geht, Beachtung geschenkt werden.

„Wir respektieren ihre Privatsphäre." „Eventuell werden vertrauliche Informationen mit dieser Website oder App geteilt. Erteilte Zugriffsberechtigungen können jederzeit eingesehen und entfernt werden." So oder ähnlich lesen wir es alltäglich beim Surfen auf Webseiten. Dass diese Floskeln nicht mehr wert sind als die abgestandene Beteuerung, der Kunde sei König, ist inzwischen allgemein bekannt. Der Unterschied ist, dass Unternehmen von König Kunde wesentlich weniger wussten und wissen konnten als von Netz-Surfern, die unaufhörlich Datenspuren hinterlassen, aus denen Anbieter von Online-Services Kundenprofile erstellen, um sie für interessenspezifische Werbung und Einbindung in soziale Medien zu verkaufen. Der Aufwand, das zu vermeiden, ist groß und vielen Nutzer/innen zu mühsam. Sie geben sich deshalb mit Beteuerungen wie dieser zufrieden: „Wir finanzieren uns über Werbung, um Ihnen Produkte kostenfrei anbieten zu können." Kostenfrei? Die Währung, mit der wir die Produkte bezahlen (und dafür, mit Werbung bombardiert zu werden), sind unsere Daten, eine Valuta, die in der Geschichte der Zahlungsmittel einmalig ist. Sie ist universell und verkörpert damit ein Ideal, dem die Welt vom achämenidischen *Dareikos* vor mehr als 2300 Jahren bis zu John Maynard Keynes *Bancor* erfolglos nachstrebte; und gleichzeitig ist sie völlig individuell, also ein Tauschmittel, das, anders als Geld, nicht neutral ist, sondern den oder die, die es aus- bzw. preisgeben, identifiziert. Deshalb ist es für die, die uns ihre „Produkte kostenfrei anbieten", so wertvoll. Ihr Geschäftsmodell beruht auf der Personalisierung der Kundschaft, also der personengenauen Erfassung, Adressierung und Manipulation von Verbraucherinnen und Verbrauchern, was Risiken für deren Privatheit mit sich bringt, im Vergleich zu denen diejenigen, die Gegenstand der oben erwähnten Proteste gegen die Volkszählung waren, Bagatellcharakter haben.

Um diese Risiken in Grenzen zu halten, hat sich die Europäische Union 2016 auf die Datenschutz-Grundverordnung (DSGVO) geeinigt. Sie ersetzte die aus dem Jahr 1995 stammende EU-Datenschutzrichtlinie und beinhaltet „Lösungen zu Fragen, die sich durch ‚Big Data' und neue Techniken oder Arten der Datenverarbeitung wie Profilbildung, Webtracking oder dem Cloud Computing für den Schutz der Privatsphäre stellen".[15] Die DSGVO in der Fassung vom 25. Mai 2018 ist eine rechtliche Pionierleistung zum Schutz der Privatsphäre im Online-Raum. Obwohl sie ein Gesetz von der und für die EU ist, impliziert sie Verpflichtungen für alle Unternehmen, die mit ihren Aktivitäten in der EU tätig sind und sich auf Daten von EU-Bürgern richten oder solche sammeln. Der amerikanische Jurist Joshua Fairfield (2021, S. 247) lobt sie als ein „Gesetz, das den Bürgern dient und nicht dem Unternehmensgewinn" und somit im Gegensatz zu vielen amerikanischen Gesetzen und Gerichtsurteilen steht. Verstöße gegen die Datenschutz- und Sicherheitsstandards der DSGVO werden mit hohen Geldstrafen bis zu 4 % des gesamten weltweit erzielten Jahresumsatzes eines Unternehmens geahndet, die sich bis über dreistellige Millionenbeträge belaufen können. Große IT-Konzerne wie Microsoft und Meta haben das bereits zu spüren bekommen, sich allerdings nicht übermäßig beeindruckt gezeigt. Das zeugt von der enormen Finanzkraft dieser Unternehmen, davon, dass sie über längere Zeiträume wissentlich gegen Gesetze verstoßen, um Profit zu machen, von der Gewissheit, dass das Gewicht des Bußgeldes mit jedem Jahr geringer wird, das vor der Bezahlung verstreicht, und von der Zuver-

---

[15] Europäische Datenschutz-Grundverordnung. https://www.bmwk.de/Redaktion/DE/Artikel/Digitale-Welt/europaeische-datenschutzgrundverordnung.html.

Tab. 5.1 Nach der europäischen Datenschutzgrundverordnung (DSGVO) verhängte Bußgelder aus Deutschland und Europa (Auswahl). Zitiert nach Boltjes (2023)

Firma	Datum	Grund	Bußgeld in Euro
Amazon	02.08.2021	Datenschutzrechtliche Verstöße; keine Details bekannt	746.000.000
Google	18.05.2022	Unzulässige Übermittlung personenbezogener Daten	10.000.000
Google	31.12.2021	Erschwerung Cookies abzulehnen	150.000.000
Grindr	13.12.2021	Übermittlung von Daten an Dritte ohne Einwilligung	6.400.000
Grindr	26.01.2021	unrechtmäßige Weitergabe von persönlichen Daten zu Marketingzwecken	9.600.000
Meta	15.03.2022	Fehlende technische und organisatorische Schutzmaßnahmen	17.000.000
Meta	10.01.2023	Unrechtmäßige Verwendung von Nutzerdaten	390.000.000
Meta	22.05.2023	Unzulässige Übermittlung von Daten in die USA	1.200.000.000
Microsoft	22.12.2022	Rechtswidrige Setzung von Cookies	60.000.000
TikTok	12.01.2023	Cookie-Ablehnung zu schwierig	5.000.000
TikTok	15.09.2023	Verstöße bzgl. Verarbeitung von Kinderdaten	345.000.000
Unser Ö-Bonus Club GmbH	02.08.2021	unrechtmäßige Datenverarbeitung zu Profiling-Zwecken	2.000.000
Volkswagen	26.07.2022	Datenschutzverstöße bei Fahrten von Fahrassistenz-systemen	1.100.000

sicht, die Durchsetzung der DSGVO mit ihrer Wirtschaftsmacht beeinflussen zu können. Einige Beispiele sind in Tab. 5.1 aufgeführt.

Tab. 5.1 enthält nur eine kleine Auswahl der von verschiedenen nationalen Datenschutzbehörden wegen Verstößen gegen die DSGVO verhängten Bußgelder. Die aufgeführten Gründe und Beträge illustrieren die Bedeutung, die dem Schutz der Privatsphäre online beigemessen wird und worum es dabei geht. Ein Datenschutzverstoß kann darin bestehen, dass persönliche Daten unerlaubt an Dritte übermittelt werden. Die Weitergabe von Daten durch Grindr wurde als besonders sensibel eingestuft, weil es sich um eine Dating-App handelt, die sich praktisch nur an schwule, bisexuelle und transsexuelle Männer richtet. Daten aus der EU in die USA weiterzugeben, wurde regelmäßig sanktioniert, da dort, wie der Europäische Gerichtshof im Juli 2020 wieder feststellte, das Datenschutzniveau vor allem für Ausländer nicht den Standards der EU entspreche.[16] 2023 wurde das mit einem Meta auferlegten Bußgeld in Rekordhöhe von 1,2 Mrd. € noch einmal bestätigt. Die Strafen für Meta waren ein Triumph für den österreichischen Juristen und Datenschutz-Aktivisten Maximilian Schrems und die von ihm gegründete NGO *noyb*, die über ein Jahrzehnt (2013–2023) gegen Metas Beteiligung an der US-Massenüberwachung prozessiert hatten.[17] Um noch einmal Fairfield zu zitieren: „Da Technik-Unternehmen mit Verbraucherdaten Geld machen, konstruieren sie die beruhigende Fiktion, dass die Gesetze überholt seien und dass ihre Kunden sowieso keine Privatsphäre wollten. Dies schwächt das Konzept der Privatsphäre erheblich. Denn wenn das Gesetz nicht mithalten kann und die Technologie mysteriöserweise nicht funktioniert (weil die Werbetreibenden es nicht wollen), können wir genauso gut nachgeben und Facebook alle unsere Daten überlassen" (Fairfield 2021, S. 26).

Genau dem soll die DSGVO zumindest zum Teil Einhalt gebieten. Verstöße dagegen können auch darin bestehen, dass Daten ohne Erlaubnis für Marketingzwecke weitergegeben werden; dass Cookies ohne Zustimmung gesetzt werden; dass es wesentlich schwerer ist, Cookies abzulehnen, als sie zuzulassen; dass es an technischen und organisatorischen Maßnahmen (TOM) für den Schutz personenbezogener Daten fehlt; dass Vorschriften für den Umgang mit Kinderdaten nicht sorgfältig genug beachtet werden; oder dass Daten bei Fahrten mit Fahrassistenzsystemen ohne Erlaubnis abgeschöpft werden.

---

[16] *Legal Tribune Online* 11.07.2023. Neues Datenschutzabkommen zwischen EU und USA. https://www.lto.de/recht/nachrichten/n/datentransfer-usa-eu-schrems-datenschutz-privacy-shield-eugh-kommission/.

[17] NOYB, 22.05.2023. € 1,2 Mrd. Rekordstrafe wegen Metas EU-US Datentransfers. https://noyb.eu/de/edsa-entscheidung-zu-facebooks-datenuebertragung-die-usa.

Mit der weiter voranschreitenden Digitalisierung entstehen immer andere Methoden der Datenverwertung, wodurch einerseits neue Erkenntnisse gewonnen werden und andererseits das autonome Individuum immer mehr zum Objekt wird. Letzteres ist es insbesondere als Zielscheibe der Werbung durch Tracking – systematische Verfolgung im Netz – und psychometrisches Profiling geworden, ein Verfahren, das durch die Auswertung personenbezogener Daten Charaktereigenschaften einer Person enthüllt, um ihr Verhalten in bestimmten Situationen vorauszusagen und möglicherweise steuern zu können. Wenn man bedenkt, dass Google 2022 Werbeeinnahmen in Höhe von 224 Mrd. US-Dollar erzielte,[18] kann man sich der Einsicht schwer entziehen, dass sich das lohnt. Vorbehalte dagegen, sich dem Recht des Stärkeren zu unterwerfen und Profitmaximierung als einzigen Maßstab für die weitere Entwicklung der digitalen Gesellschaft zu akzeptieren, gibt es freilich nicht nur unter ewig Gestrigen und weltfremden Aktivisten. So plädiert etwa der Bundesbeauftragte für den Datenschutz und die Informationsfreiheit für ein Verbot von personalisierter „Online-Werbung, die auf durchdringenden Formen des Tracking basiert und für eine Einschränkung sensibler Datenkategorien, die für solche Werbemethoden verarbeitet werden können" (Kelber und Leopold 2022, S. 175).

Wenn man dem Staat als Sachwalter des Rechts eine ethische Aufgabe zuerkennt, stehen hier wirtschaftliche und staatliche Interessen deutlich im Gegensatz zueinander, und das Individuum steht zwischen Profiling hier und Überwachung dort.

Persönlichkeit Da Online-Kommunikation im Prinzip rückverfolgt werden kann und somit Identifizierbarkeit impliziert, stellt sich die Frage, was das für den Einzelnen bedeutet. Hat das in der westlichen Welt so lange idealisierte autonome Individuum im technosozialen Spannungsfeld zwischen Risiko, Sicherheit, Überwachung, Profitstreben und Staat noch einen Platz mit einer Privatsphäre? In Bezug auf herkömmliche Telekommunikation stellte das Bundesverfassungsgericht schon 2010 fest:

---

[18] Statista. Werbeumsätze von Google in den Jahren 2001 bis 2022. https://de.statista.com/statistik/daten/studie/75188/umfrage/werbeumsatz-von-google-seit-2001/.

Adressaten, Daten, Uhrzeit und Ort von Telefongesprächen erlauben, wenn sie über einen längeren Zeitraum beobachtet werden, in ihrer Kombination detaillierte Aussagen zu gesellschaftlichen und politischen Zugehörigkeiten sowie persönlichen Vorlieben, Neigungen und Schwächen. Je nach Nutzung der Telekommunikation kann eine solche Speicherung die Erstellung aussagekräftiger Persönlichkeits- und Bewegungsprofile praktisch jeden Bürgers ermöglichen (BVerfG. 2010).[19]

Dass die Überwachungsmöglichkeiten in der Welt der Online-Kommunikation sehr viel weiter gehen, erübrigt sich zu sagen. Informationen, die eine Person aufgrund psychischer, physischer, wirtschaftlicher, sozialer, ethnischer und kultureller Eigenschaften erkennbar machen, gehören nach gängiger Auffassung zu der zu schützenden Privatsphäre. Was aber, wenn diese Personen solche Informationen selber in die öffentliche Sphäre des Cyber-Raums tragen? Im „Zeitalter der Identität" (Coulmas 2019, 2020), wo Selbstdarstellung nicht nur von Influencer/innen zum guten Ton gehört und Digitalgeräte zum unverzichtbaren Bindeglied zwischen Privatleben und Öffentlichkeit geworden sind, ja, wo Datenschutz und das Leben online im Vordergrund der meisten Diskussionen über die Privatsphäre stehen, geschieht das unaufhörlich. Man denke exemplarisch an den Fingerabdruck. Lange Inbegriff der individuellen Identifizierbarkeit und in diesem Sinne der Privatheit, die es gegen Zugang von anderen zu schützen galt, werden Fingerabdrücke heute auf Smartphones registriert und für die Authentifizierung bzw. Entsperrung von Online-Systemen verwendet.[20] Viele Benutzer machen von dieser Möglichkeit Gebrauch, weil es bequem ist, Zeit spart und ihnen erlaubt den endlosen Wust von Passwörtern zu umgehen, ohne jedoch genau zu wissen, was mit dem Datum Daumenabdruck passiert und wem es zugänglich wird. Dass Fingerabdrücke von Cyberkriminellen für Betrugszwecke missbraucht und gehandelt werden, ist nicht weit genug bekannt. Um die Verwendung illegal erworbener Fingerab-

---

[19] Bundesverfassungsgericht, Pressemitteilung 02.03.2010. https://www.bundesverfassungsgericht.de/SharedDocs/Pressemitteilungen/DE/2010/bvg10-011.html.
[20] Wie in anderen EU-Staaten werden in der BRD Fingerabdrücke auf Chips in Ausweisdokumenten gespeichert. https://www.bmi.bund.de/SharedDocs/faqs/DE/themen/moderne-verwaltung/ausweise/eu-verordnung-erhoehung-der-sicherheit/4-fingerabdruck.html.

drucksdaten zu Täuschungszwecken zu verhindern, kann ein Sensor für Lebenderkennung eingesetzt werden, was den Benutzern aber verbogen bleibt. Der Unterschied zwischen digitalen Passwörtern und Fingerabdrücken ist, dass letztere, wenn sie einmal kompromittiert sind, nicht so einfach zu ersetzen sind wie erstere.

Bei Selfies kann es ähnlich komplizierte Sachlagen geben. Nach §201a Strafgesetzbuch ist es verboten, fremde Personen zu fotografieren, wenn deren Einverständnis fehlt. Selbst Eltern müssen ihre Kinder im Prinzip um Erlaubnis fragen, wenn sie Familienfotos hochladen wollen. Die Rationalität dieses Verbots ist, dass unerlaubtes Fotografieren einer Person deren Privatsphäre verletzt und die sie schützenden Persönlichkeitsrechte. Nun werden Selfies aber millionenfach im Netz verschickt und in sozialen Medien gepostete. Sie sind ein wichtiger Aspekt der Sichtbarkeit, die in der Online-Welt von heute eine nicht mehr wegzudenkende Form der Vergesellschaftung ist. „Visuelle Gespräche" durch Austausch von Selfies sind eine digitale Kommunikationsform, die für viele Menschen inzwischen zum Alltag gehört, wobei der Kreis der Teilnehmer/innen durch Einstellungen auf der Plattform, Verschlüsselung oder Anonymisierung bzw. Verwendung eines Pseudonyms mehr oder weniger beschränkt sein kann. Sind die auf diese Weise verbreiteten Fotos noch privat? Wenn Selfies einmal online gestellt sind, entwickeln sie ein Eigenleben, in dem die Bilder selbst und die Technologien, die sie verbreiten, Teil eines Netzwerks sozialer Beziehungen werden (Powell et al. 2018, S. 96). Wie jede Information, die man auf sozialen Medien-Plattformen über sich preisgibt – Geburtsdatum, Telefonnummer, „Freunde", Fotos – sind auch Selfies wiederauffindbar und die ursprünglichen Urheber können die Kontrolle darüber verlieren. Zwischen privat und öffentlich schweben sie dann in einer Grauzone, die für die Justiz bzw. Rechtsdurchsetzung neue Herausforderungen darstellt.

Von anderen Personen ohne Erlaubnis Fotos zu machen und hochzuladen, ist, wie gesagt, strafbar. Das trifft selbstverständlich auch zu, wenn das innerhalb der eigenen Privatsphäre geschieht. Ein zunehmender Trend in der digitalen Gesellschaft ist die Online-Verbreitung von Bildern und Videos sexueller Übergriffe. Die Verletzung der Privatsphäre der Opfer steht dabei außer Frage. Eher überraschend ist demgegenüber, dass Täter auf diese Weise nicht nur ihre digitale Identität preisgeben, sondern auch Einblick in ihre Privatsphäre geben, indem sie ihre kriminellen Aktivitäten zur Schau stellen. Wer das kontrollieren soll, ist eine schwierige Frage. Dass es kontrolliert, verhindert und bestraft werden soll, ist, jedoch, wenn man nicht Eigentümer von Twitter/X oder YouTube ist, weitgehend Konsens.

Diese und andere neue Arten von Kriminalität wie etwa Doxing,[21] die böswillige Verbreitung personenbezogener Daten von Individuen im Netz, die dadurch bedroht oder geschädigt werden sollen, veranschaulichen einige der Schwierigkeiten des Schutzes der Privatsphäre online. Selfies sind harmlos. Wenn sie verschickt oder gepostet werden, sollten nur die Absender über die Herkunftsadresse verfügen. Bei Verbrechen, die im Netz verbreitet werden, sollte das jedoch nicht der Fall sein. Seit einiger Zeit wird in diesem Zusammenhang „Privacy by design" diskutiert. Gemeint ist mit diesem Begriff, dem in der Datenschutzgrundverordnung ein eigener Abschnitt gewidmet ist, Datenschutz mittels technischer und organisatorischer Maßnahmen. Digitale Geräte, Medien und Datenspeicher sollen technisch so ausgerüstet sein, dass sie den Schutz der Privatsphäre unschuldiger Selfie-Enthusiasten gewährleisten aber die Identifizierung von Straftätern zulassen; wie ein Gewehr, das, ganz unabhängig davon, wer es verwendet, nur Menschen erschießt, die es verdient haben. Offenkundig eine Herausforderung für Technik und Gesetzgebung, die es verständlich macht, dass noch immer Ungewissheit darüber herrscht, „was unter ‚Privacy by design' eigentlich zu verstehen ist und wie man ‚Privacy by design' umsetzt" (DSGVO[22]). Nicht zu übersehen ist jedoch, dass die Allgegenwart mit qualitativ guten Kameras ausgestatteter Smartphones die Privatsphäre verändert hat und heute ein Merkmal der digitalen Gesellschaft ist. Die von vielen praktizierte Selfie-Kultur und das live-streaming sind eine Erweiterung der Alltagskommunikation und der Konnektivität. Die Zahlen von Abermillionen Bildern, die täglich im Netz ausgetauscht werden, um mit Freunden und Familie in Verbindung zu bleiben, erlauben keinen Zweifel an der großen Bedeutung dieser neuen Form der Beziehungsgestaltung.

---

[21] Abgeleitet von englisch *document*, kam dieses Wort in den 1990er Jahren in Gebrauch. Seit 2021 kann Doxing nach § 126a StGB mit bis zu zwei Jahren Haft und/oder Geldbußen bestraft werden.
[22] https://dsgvo-gesetz.de/themen/privacy-by-design/.

Ein potentielles Problem mit Selfies sind Apps für die Bearbeitung von Bildern, mit denen man das eigene Aussehen im Interesse einer positiven Selbstdarstellung verändern, sich jünger oder älter, hübscher oder auch grotesk machen kann. Was mit den zu solchen Zwecken hochgeladenen Fotos geschieht, ist oft nicht transparent. Deshalb kann die Europäische Kommission auf ihrer Webseite für die Gestaltung der digitalen Zukunft Europas keine der von ihr geprüften Selfie-Bearbeitungs-Apps für sicheren Gebrauch empfehlen.[23] Dass die hochgeladenen Bilder nicht in irgendwelchen Datenbanken gespeichert und/oder auf eine Weise verwendet werden, die die Privatsphäre der Urheber verletzt, z. B. für Gesichtserkennung, kann nicht attestiert werden.

Gesichtserkennung: ein weiteres für den Schutz der Privatheit relevantes Thema, das Individuum und Staat betrifft. Bei Passkontrolle und Einreise auf Flughäfen werden Gesichtserkennungssysteme vielerorts schon routinemäßig eingesetzt. Viele Menschen benutzen sie zur Authentifizierung, z. B. für die Entsperrung ihrer Smartphones. Für den Staat ist Gesichtserkennung zudem ein relativ neues Werkzeug der Strafverfolgung, mit dem Aufnahmen einer Person bzw. ihre biometrischen Gesichtsmerkmale in Datenbanken auf mögliche Übereinstimmung mit vorhandenen Bildern verglichen werden. So ein Vorgang ist mit KI-gesteuerter Software in Sekundenschnelle vollzogen, würde menschliche Prüfer aber Stunden oder Tage kosten. Die Technologie ist (noch) nicht perfekt. Fehlidentifizierungen kommen vor und können zu ungerechtfertigten Festnahmen und Eindringen in die Privatsphäre der Betroffenen führen. Das eigene Foto wollen die wenigsten in solchen Datenbanken haben, während sie andererseits u.U. durchaus für mehr öffentliche Sicherheit sind, die die Technologie der Gesichtserkennung verspricht, wiederum mit der Kehrseite des Risikos der Überwachung. Da die Häufigkeit von Selfies auf Netzwerk-Plattformen weiter zunimmt, erwartet das Bundeskriminalamt auch einen weiteren Anstieg von Ermittlungen mit Hilfe der Gesichtserkennung.[24] Demgegenüber fordern

---

[23] Gesichtserkennung in Apps: Was soll da schon schiefgehen. https://www.klicksafe.de/news/gesichtserkennung-in-apps-was-soll-da-schon-schiefgehen.

[24] BKA Gesichtserkennung. https://www.bka.de/DE/UnsereAufgaben/Ermittlungsunterstuetzung/Kriminaltechnik/Biometrie/Gesichtserkennung/gesichtserkennung_node.html#doc112030bodyText6.

NGOs wie z. B. Amnesty International ein „Verbot der Verwendung, Entwicklung, des Verkaufs und Exports von Gesichtserkennungssoftware zur Identifikation im öffentlichen Raum."[25] Staat, Zivilgesellschaft und Wirtschaft haben hier offensichtlich unterschiedliche Interessen, in jedem Fall aber muss der Grundsatz der Verhältnismäßigkeit beachtet werden, denn die biometrische Gesichtserkennung im öffentlichen Raum kann nicht auf Straftäter beschränkt sein, sondern soll sie ja gerade aus einer Masse herausfiltern und stellt somit einen schweren Eingriff in die Grundrechte der Bürger dar (Bauer et al. 2021).

Es gibt noch andere Anwendungsfelder für biometrische Verfahren wie die Gesichtserkennung, z. B. in der Medizin; die hier genannten genügen aber, um die Problematik des politischen Umgangs und der rechtlichen Einbettung dieser Technologien zu veranschaulichen. Es geht in diesem soziotechnischen Spannungsfeld um Chancen und Risiken, Verhältnismäßigkeit, Güterabwägung und gesellschaftliche Akzeptanz; kurz gesagt, um ein sehr unübersichtliches und allenfalls vage abgegrenztes Beziehungsgefüge. Darüber, wie es geregelt werden soll, um ein sicheres, vertrauenswürdiges Online-Ökosystem herzustellen, deren Nutzer/innen ihre Privatsphäre nach eigenen Bedürfnissen gestalten können, gehen die Meinungen auseinander. In welche Richtungen, zeigt der letzte Abschnitt dieses Kapitels.

Ein dritter Weg

Die oben zitierte Resolution 68/167 der Generalversammlung der Vereinten Nationen vom 18. Dezember 2013 weist darauf hin, dass die „technologische Entwicklung neue Informations- und Kommunikationstechnologien Individuen auf der ganzen Welt zugänglich macht und gleichzeitig die Fähigkeiten, Daten abzufangen und zu sammeln sowie der Überwachung durch Regierungen, Unternehmen und Individuen erweitert, womit Menschenrechte verletzt oder missbraucht werden können, *insbesondere das Recht auf Privatsphäre*" (Hervorhebung FC). Ob-

---

[25] Vgl. *Menschenrechte im öffentlichen Raum*. Deutscher Bundestag. https://www.bundestag.de/webarchiv/presse/hib/2020_06/701574-701574.

wohl die Resolution ohne formelle Abstimmung angenommen wurde, war sie ein wichtiger Schritt in Richtung auf internationale Übereinkünfte zum Schutz der Privatsphäre im digitalen Zeitalter.

Wie die Resolution erkennen lässt, geht es beim Schutz der Privatsphäre nicht allein um Fakten, sondern auch um Ideologien, Begriffe und politische Systeme. Was „Selbstbestimmung" und „Privatheit" bedeuten, kann durchaus unterschiedlich ausgelegt werden, und dafür, welche Art von staatlicher Vorratsdatenspeicherung als invasiv und unzulässig gilt, gibt es einstweilen keinen universellen Standard. Das Internet wird in vielen westlichen Ländern – trotz NSA paradigmatisch in USA – als öffentlicher Raum begriffen und der freie Zugang dazu als Voraussetzung politischer Teilhabe. In manchen anderen Ländern – paradigmatisch in China (Drinhausen 2023, Chen et al. 2023) – wird demgegenüber kein gänzlich freier Zugang gewährt, weil befürchtet wird, dass dem Staat dadurch die Kontrolle über die Informationsverbreitung entgleitet. Kontraste zeigen sich hier einerseits im Umgang mit Information und freier Meinungsäußerung, während es andererseits um die Hegemonie im Internet geht, dem amerikanische Firmen durch ihren technologischen Vorsprung von Anfang an dank der im Interesse ungezügelten Profitstrebens der Industrie in den USA äußerst zurückhaltenden Gesetzgebung für Datenschutz und digitale Menschenrechte ihren Stempel aufdrücken konnten. Die Herstellung von digitalen Geräten und Software für die Identifizierung, Beobachtung und Verfolgung von Individuen und ihrer Kommunikation im Internet folgt diesem Beispiel. Die meisten Unternehmen der Überwachungsindustrie haben ihren Sitz in westlichen Ländern, die gleichzeitig große Waffenexporteure sind, namentlich USA, das Vereinigte Königreich, Frankreich, Deutschland und Israel (Deibert 2020, S. 149). Das im Auge zu behalten, ist in Debatten über das Recht auf digitale Privatheit angebracht, insbesondere wenn, wie es so oft geschieht, „die Verteidigung unserer Werte" auf der Tagesordnung steht (Irion et al. 2021).

UN-Resolutionen können ein Thema in den Vordergrund rücken, ein Recht auf digitale Privatheit muss aber auf mehreren Ebenen konkret werden, da es geltendes Recht, politische Systeme, Ideologien, wirtschaftliche Interessen und nicht zuletzt Technik involviert. Es muss von Staaten verfolgt werden, die Aspekte wie Notwendigkeit, Rechtmäßigkeit und

Verhältnismäßigkeit im Blick haben. Da Teile des Internets inzwischen zu einer Kloake nicht nur von Geschmacklosigkeiten und Idiotien, sondern auch von kriminellen Aktivitäten, Hetze und demokratiegefährdender Desinformation verkommen sind, ist eine Regulierung erforderlich, die individuelle Ansprüche auf Privatheit schützt, ohne die Sicherheit der Gesellschaft zu gefährden. Darüber, welcher Weg einzuschlagen ist, um dieses Ziel zu erreichen, besteht, wie oben angedeutet, keine Einigkeit. Plakativ gegenübergestellt werden in Diskussionen über diese Frage häufig Selbstregulierung und staatliche Lenkung.

Um auch das mit plakativen Beispielen zu illustrieren, führt Selbstregulierung, wie sie bislang in den Vereinigten Staaten praktiziert wurde, zu Exzessen wie am 6. Januar 2021, als Fehlinformationen über den angeblichen Wahldiebstahl Aufrührer dazu antrieben, den US-Kongress zu stürmen. In einer Untersuchungskommission über den Vorfall bemerkte der Abgeordnete Jan Schakowsky zur bestehenden Politik der Meinungsfreiheit:

> Beide Parteien sind sich einig, dass der Status quo nicht funktioniert. ... Big Tech hat es mal um mal versäumt, auf diese gravierenden Herausforderungen zu reagieren (Shannon Bond zit. nach Dowd 2022, S. 260).

Ähnliches lässt sich über den Umgang Elon Musks mit Twitter sagen. Nachdem er die Plattform im Oktober 2022 für 44 Mrd. Dollar gekauft hatte, entließ der selbsterklärte „Meinungsfreiheitsfanatiker" zahlreiche Inhaltsmoderatoren, die vor der Übernahme zwar nicht flächendeckend aber wenigstens etwas für Ordnung gesorgt hatten, gab Rassisten, Christlichen Nationalisten und Verschwörungstheoretikern freie Bahn, unterstützte die von Neo-Nazis gegründete Kampagne #BantheADL[26] und sperrte Konten nach eigenem Gutdünken, um sie dann, wiederum nach eigenem Gutdünken, wieder freizuschalten. Das Einzige, was Musks Willkür einschränken konnte, war der Einbruch der Werbeeinnahmen, nachdem sich viele Firmen erschrocken oder angeekelt von der Plattform zurückzogen.

---

[26] ADL, die Anti-Defamation League, ist eine NGO mit Sitz in New York, die sich gegen Antisemitismus und Verleumdung einsetzt.

Die Selbstregulierung des Online-Raums nimmt nicht zwangsläufig solche extremen Formen an, aber selbst wenn Unternehmen gutwillig sind, bleibt die Frage, ob ihnen der Schutz der Privatsphäre einerseits und der Eindämmung der digitalen Milieuverschmutzung andererseits anvertraut werden sollte. Der ehemalige Mitarbeiter von Facebook Sjarrel De Charon nennt Gründe, die dagegensprechen:

> Unter dem Deckmantel von ‚die Plattform muss weiterhin eine sichere Umgebung für jeden Nutzer bieten' hat Facebook ein Unternehmensgesetzbuch geschaffen. Facebook hat sich in eine internationale Regierung verwandelt und hat seine eigene Definition von Meinungsfreiheit.
> Facebook spielt quasi-Regierung und das ist für mich ein sehr beunruhigender Gedanke. … Es sind diese Firmen, die definieren, wer ein Terrorist ist und wer ein Massenmörder und somit mitbestimmen, wer auf die Liste der Terroristen des US-Außenministeriums kommt. Diese Firmen schaffen ihre eigene Definition von Sadismus, Hass, Grausamkeit, Mobbing und Nacktheit (De 2019, S. 83).

In liberalen Demokratien amerikanischen Stils ist das Vertrauen in den Staat niedrig und im öffentlichen Diskurs und in der Gesetzgebung steht gewöhnlich der Schutz vor staatlicher Überwachung im Vordergrund. In anderen Traditionen wird eher vor dem Sammeln und der Ausbeute persönlicher Daten durch Unternehmen gewarnt. In China ist das der Fall, wo der Staat die Kontrolle über Online-Datenströme für sich reklamiert. Die Artikel 38 und 40 der Verfassung der VR China beinhalten Rechte, die sich auf die Privatsphäre beziehen, wie die Würde der Person, Schutz vor Beleidigung und Verleumdung und Briefgeheimnis (Luo 2023). Diese Rechte schränken den staatlichen Zugriff auf personenbezogene Daten jedoch kaum ein. Ein wichtiger Anwendungsbereich davon ist das sogenannte Sozial-Kredit-System, in dem Daten von Bürger/innen, Unternehmen und Organisationen mit dem Ziel erfasst werden, durch Bußen und Anreize eine sichere und vertrauenswürdige Gesellschaft zu schaffen. „Die daraus resultierende umfassende Offenlegung persönlicher Daten der chinesischen Bürger könnte berechtigte Bedenken hinsichtlich ihrer Privatsphäre hervorrufen", bemerkt der Sinologe Christoph Steinhardt (2022). Mit einer empirischen Erhebung hat er diese Bedenken untersucht und kam zu folgenden Ergebnissen. (1) Chinesen sind über die Erhebung personenbezogenen Daten wesentlich weniger besorgt, wenn sie vom Staat, als wenn sie von Unternehmen durchgeführt wird. (2) Ihre Bedenken hinsichtlich der Kombination von Staat und Unternehmen erhobener Daten sind größer als bezüglich allein staatlicher Datenerfassung. (3) Die geringeren Bedenken hinsichtlich vom Staat erhobener Daten gehen mit ideologischer Nähe zum Staat einher (Steinhardt 2022). „Ideologische Nähe zum Staat" bedeutet allgemeine Akzeptanz des von der kommunistischen Partei geführten autokratischen Staates. Diesem Staat, folgert Steinhardt, sei es einstweilen gelungen, sich als Hüter privater Information darzustellen.

Mehr Vertrauen in den Staat oder mehr Vertrauen in Unternehmen – das ist die Frage. Der Titel von Steinhardts Untersuchung bringt es auf den Punkt: „Dreading Big Brother or Dreading Big Profit?" Wo ist der Schutz der Privatsphäre, wo sind personenbezogene Daten besser aufgehoben, bei X oder beim chinesischen Staat? Es geht ja immer nur um das kleinere Übel, aber eher als nach einer bedenkenswerten Abwägung sieht diese Gegenüberstellung nach einem kaum lösbaren Dilemma aus.

Eingriffe in unsere Privatsphäre wollen wir nicht. Also Hände weg! Schutz der Schwachen und Verhinderung von Missbrauch der Privatsphäre wollen wir wohl. Also eingreifen! Die Tatsache, dass die USA und China in den für Online-Kommunikation relevanten Technologien führend sind, macht die Sache nicht einfacher, denn obwohl sie manchmal so wahrgenommen wird, ist Technik nicht neutral, sondern hat Einfluss auf die Kommunikation. Heißt das, dass die Entscheidung, entweder dem einen oder dem anderen zu folgen, unausweichlich ist? Oder gibt es einen dritten Weg?

Seit einiger Zeit ist zu beobachten, dass Regierungen mehr Kontrolle über Sicherheit, Datenspeicherung, Schutz der Privatheit und Inhalte im Netz ausüben wollen. In Deutschland hat sich der Düsseldorfer Kreis, ein Koordinationsgremium der föderalen Datenschutzbehörden, federführend auf diesem Gebiet betätigt und sich mit Problemen wie Videoüberwachung, Datenschutz in sozialen Netzwerken und für Krankenhäuser, dem Schutz von Minderjährigen im Netz, Bonitätsauskünften

u. a. befasst.[27] Die Europäische Union beschäftigt sich seit Jahrzehnten mit Datensicherheit. Sie versucht einen dritten Weg zwischen Marktliberalismus und Staatsregime zu gehen, der weder das wirtschaftliche Potential des Internetverkehrs beeinträchtigt, noch die Verantwortung für den Erhalt rechtsstaatlich organisierter Gesellschaften im Online-Raum aufgibt. „Digitale Menschenrechte" ist das Kennwort, das die Richtung vorgibt. 1995 schuf die EU das erste auf Menschenrechten fußende Gesetz für den öffentlichen und privaten Sektor, das sowohl den freien Datenverkehr für Wirtschaftsunternehmen als auch den Schutz privater Daten gewährleisten soll (Dowd 2022, S. 5). Das Safe Harbor-Abkommen aus dem Jahr 2000 zwischen EU und USA, nach dem beide Seiten gegenseitig ihre Privatheitsregulierungen akzeptierten, sollte das gewährleisten. Es wurde jedoch 2015 vom Europäischen Gerichtshof (EuGH) für ungültig erklärt.

Dann kam die mehrfach erwähnte Datenschutz-Grundverordnung von 2016, die wiederum eine Abgrenzung vom US-amerikanischen System markierte. Ulrich Kelber, damals Parlamentarischer Staatssekretär beim Bundesminister der Justiz und für Verbraucherschutz und seit 2019 Bundesbeauftragter für den Datenschutz und die Informationsfreiheit, sagte dazu: „Das neue europäische Datenschutzrecht ist ein Beleg dafür, dass wir der drohenden Auflösung der Privatsphäre und der Macht der Global Player aus dem Silicon Valley nicht machtlos gegenüberstehen" (Lahmann et al. 2016, S. 28).

2020 wiederholte sich mit dem EU-US Privacy Shield, was 2015 mit dem Safe Harbor-Abkommen geschehen war. Der EuGH erklärte Übermittlungen personenbezogener Daten in die USA auf der Grundlage des Privacy Shield für unzulässig, weil die Überwachung von EU-Staatsbürgern in den USA noch immer nicht auf das notwendige Minimum beschränkt wurde. Diese und etliche andere Urteile des EuGH – z. B. 2019 zur Videoüberwachung – zeigen, dass die Idee digitaler Menschenrechte als Grundlage des Schutzes der Privatsphäre für die Rechtsgenese im Online-Raum in der EU ernstgenommen wird. Zu viel staatliche Überwachung ist ebenso unerwünscht wie zu viel kommer-

---

[27] https://www.datenschutz.rlp.de/de/service/infothek/entschliessungen-der-datenschutzkonferenz/beschluesse-des-duesseldorfer-kreises/.

zielle Ausbeutung personenbezogener Daten. Für Privatheitsaktivisten gehen die Urteile des EuGH und die Verordnungen des Europäischen Datenschutzbeauftragten (EDSB) nicht weit genug; Anhängern sich selbst regulierender Marktmechanismen sind sie zu restriktiv. Dass es auf beiden Seiten Unzufriedenheit gibt, ist vielleicht ein gutes Zeichen, denn die richtige Balance, um informationelle Selbstbestimmung durchzusetzen, wird nicht durch eine einmalige Entscheidung gefunden, sondern ist ein andauernder Prozess. Marktmechanismen freien Lauf zu lassen, ist keine Lösung, da Erfolg in diesem Bereich bedeutet, „immer mehr Daten in immer weniger Händen zu konzentrieren", was dem Schutz der Privatsphäre zuwiderläuft (Schaar 2017). Dem Staat allein die Aufsicht anzuvertrauen, läuft auf eine Entmündigung der Betroffenen hinaus. Dass es sich bei der EU um eine große Zahl von Bürger/innen handelt, spielt dabei, eine befriedigende Lösung zu finden, eine wichtige Rolle.

Möglich wird der dritte Weg der EU durch die Bevölkerungsgröße von knapp 450 Mio., die IT- und Werbe-Unternehmen nicht ignorieren wollen. Notgedrungen müssen sie sich daher an die Vorgaben der EU halten, denn nach der Verordnung (EU) 2022/2065 des Europäischen Parlaments und des Europäischen Rats kann die EU heutzutage Online-Domänen sperren, wenn es dafür Gründe gibt wie z. B. die Verbreitung illegaler Produkte oder gefährlicher Desinformation. Zu kontrollieren, ob Unternehmen sich an die Vorgaben halten, ist nicht einfach und manchmal umstritten, wie die in Tab. 5.1 aufgeführten Beispiele illustrieren. Dessen ungeachtet werden die den Datenschutz betreffenden von der EU ergriffenen Regulierungen als Anzeichen dafür verstanden, dass Privatheit auch in der digitalen Gesellschaft noch einen Wert hat und es in Europa vielen Menschen nach wie vor wichtig ist, nicht nur zu wissen, sondern auch selbst zu bestimmen, wer was über sie weiß.

Wenn die EU nun Privatheit schützen will, hat sie eine Definition von Privatheit? Werner Stengg, Koordinator der Digitalpolitik der Europäischen Kommission, verneint das in einem Gespräch.[28] Der EU geht es darum, führt er aus, den Bürgern mehr Kontrolle über ihr Online-Umfeld und speziell über ihre Daten zu geben. Ein elektronischer Iden-

---

[28] *Werner Stengg* im persönlichen Gespräch am 09.01.2024.

titätsausweis in Form einer „Brieftasche für digitale Identität (EUDI)"[29] soll dabei helfen, Bürgerinnen und Bürgern sowie Organisationen mehr Datenhoheit zu geben. In der digitalen Brieftasche sollen sie ihre Identitätsdaten und amtlichen Dokumente speichern und verwalten können. Wenn man Daten abgibt, soll man das selbst entscheiden können und dafür eine Gegenleistung erhalten, was die EUDI erleichtern soll. Eben diese digitale Brieftasche hat jedoch, noch bevor endgültige Entscheidungen über das technische Design gefällt worden sind, die Kritik vieler NGOs auf sich gezogen, die vor einem bedrohlichen europaweiten Überwachungsinstrument warnen.[30]

Die Herausforderungen für die EU sind groß. Um die von ihr erlassenen Bestimmungen durchzusetzen, muss sie Unternehmen, die dagegen verstoßen, bestrafen. So hat sie, wie oben erwähnt, Meta/Facebook schwere Bußgelder auferlegt, aber gleichzeitig fährt die EU-Kommission fort, Facebook zu benutzen. Ist das kein Widerspruch? Werner Stengg gibt das zu und merkt gleichzeitig an, die EU habe keine Wahl, wenn sie den Kommunikationsraum, wo diese Fragen diskutiert werden, nicht den Prozessgegnern überlassen wolle. Ist der Begriff „Datenkolonialismus" also berechtigt? Ja, durchaus, sagt Stengg, der technologische Vorsprung von Silicone Valley hat ganz Europa abhängig gemacht. Wenn wir uns nicht darauf beschränken wollen Privatheit per Gesetz zu verteidigen, sondern uns von dieser Abhängigkeit befreien wollen, um dem Datenschutz und der Privatheit in der digitalen Gesellschaft so zu gestalten, wie es unseren Vorstellungen entspricht, müssen wir an der Weiterentwicklung einer unternehmer- und technikfreundlichen Umgebung arbeiten.

Hier ließe sich zu bedenken geben, dass eben dies, also die Weiterentwicklung einer unternehmer- und technikfreundlichen Umgebung bedeutet, dem amerikanischen Muster zu folgen. Gleichzeitig wird jedoch in der EU das abstrakte Konzept digitaler Menschenrechte durch Rechtsstreitigkeiten hauptsächlich mit amerikanischen Firmen Schritt für Schritt konkret. Ausgehend von der Richtlinie 95/46/EG des Europä-

---

[29] Pilotimplementierung der EU-Brieftasche für digitale Identität. https://digital-strategy.ec.europa.eu/de/policies/eudi-wallet-implementation.
[30] Hunderte Wissenschaftler:innen und dutzende NGOs warnen vor Massenüberwachung. https://netzpolitik.org/2023/eidas-trilog-hunderte-wissenschaftlerinnen-und-dutzende-ngos-warnen-vor-massenueberwachung/.

ischen Parlaments und des Rates vom 24. Oktober 1995 zum Schutz natürlicher Personen bei der Verarbeitung personenbezogener Daten und zum freien Datenverkehr[31] hat die EU dem Schutz personenbezogener Daten ein vor allem in der DSGVO aufgehobenes gesetzliches Gerüst gebaut, das auf digitalen Menschenrechten beruht. Dem Schutz der Privatsphäre wird dabei viel Beachtung geschenkt, was vor dem Hintergrund politischer Debatten über digitale Demokratie besonders wichtig ist. Dass damit alle Probleme gelöst seien, wird niemand behaupten, denn die Digitalisierung geht weiter, mit stets neuen Chancen und Risiken, und so muss auch die Rechtsgenese weitergehen. Mit dem skizzierten dritten Weg ist die Richtung für Politik und Gesetzgebung vorgegeben, dem soziotechnischen Wandel so zu begegnen, dass eine privatheitsfreundliche digitale Gesellschaft entsteht, in der weder die Marktdynamik neuer Informationstechnologien noch informationshungrige staatliche Akteure die informationelle Selbstbestimmung des Individuums an den Rand drängen.

Die GSGVO ist ein Schritt in diese Richtung. Sie ist aber auch kritisiert worden, weil sie manche Erwartungen insbesondere in Bezug auf Harmonisierung, Schutz vor Profiling und Datenschutz von Kindern (noch) nicht erfüllt hat (Roßnagel und Friedewald 2022). Da Kinder, deren Zugang zum Internet viele Eltern nicht kontrollieren können, bezüglich ihrer Privatheit besonders schutzbedürftig sind, hat die Europäische Kommission eine für ständige Revisionen offene Neue europäische Strategie für ein besseres Internet für Kinder[32] entwickelt. Sie soll dazu dienen, Kinder und Jugendliche sowie Eltern und Erziehungseinrichtungen für sicheren Umgang mit ihren Daten im Internet zu sensibilisieren, denn „häufig ist ihnen nicht bewusst, dass auch und gerade Kinder eine zu schützende Privatsphäre haben."[33] Da Kinder besonders anfällig für neue Formen der Ausbeutung und Kriminalität sind, sind solche Initiativen wichtig. Sie sind auch ein weiterer Beleg dafür, dass Privatheit eine politische Dimension hat und dass ihr Schutz – was dazu gehört und

---

[31] https://eur-lex.europa.eu/legal-content/DE/TXT/?uri=CELEX%3A31995L0046.
[32] https://ec.europa.eu/commission/presscorner/detail/de/qanda_22_2826.
[33] Bundesministerium für Lehre und Forschung. „Für Kinder ist Privatheit kein Luxus, sondern Notwendigkeit". https://www.bmbf.de/bmbf/shareddocs/kurzmeldungen/de/fuer-kinder-ist-privatheit-kein-luxus-sondern-notwendigkeit.html.

was nicht, welche Einschränkungen es geben kann – in heutigen Gesellschaften Gegenstand konfliktärer Debatten und der Gesetzgebung ist. Dank anhaltender technischer Innovation ist nicht damit zu rechnen, dass die rechtsgenetische Gestaltung der Privatsphäre in der Online-Welt, in Europa oder in anderen Teilen der Welt, in absehbarer Zeit abgeschlossen sein wird. Die Agenda bleibt offen.

Fazit

Die digitalen Kommunikationstechnologien, die überall verfügbar geworden sind, lassen ihre Benutzer persönliche Informationen (freiwillig oder unfreiwillig) mühelos mit Menschen und Organisationen in anderen Teilen der Welt teilen. Im Zuge dieser Entwicklung ist der Schutz der Privatsphäre zu einem bedeutenden politischen Thema geworden. Die grenzüberschreitende Reichweite dieser Technologien erschwert gesetzliche Regelungen. Hinzukommt, dass ökonomische Interessen und gesellschaftliche Wertvorstellungen hier aufeinandertreffen und von politischen Verantwortungsträgern abgewogen werden müssen, was angesichts der Finanzmacht der marktbeherrschenden Technikunternehmen eine neue Herausforderung darstellt.

Die EU hat einen Anfang gemacht, um auf der Grundlage digitaler Menschenrechte ein Regelwerk für den Datenschutz der europäischen Bevölkerung zu entwickeln. Die DSGVO ist ein äußerst komplexes Regelwerk, das weiterentwickelt wird. Bezüglich des Schutzes der Privatsphäre geht es dabei um Interessenabwägungen und Kompromisse dreier daran beteiligter Parteien, Staat, Wirtschaft und Individuum. Dass nicht einer der Akteure allein die Entscheidungsbefugnisse haben soll, ist zumindest in der EU Konsens, denn die Erfahrung hat gelehrt, dass Prioritäten divergieren und dass Missbrauch der Privatsphäre auf allen Ebene vorkommt.

Den Schutz der Privatsphäre allein dem Staat anzuvertrauen, birgt das Risiko, dass staatliche Akteure die vermeintliche Alternative von Privatheit und öffentlicher Sicherheit als Vorwand dafür benutzen, immer mehr Methoden und Instrumente der Überwachung zu entwickeln und einzusetzen. Beispielhaft vorgeführt hat das weniger der chinesische Staat, der die Kontrolle über die Daten seiner Bürger offen zugibt, als der US-amerikanische Staat, wo die NSA und andere Geheimdienste Daten von Millionen von Bürgern ohne ihre Zustimmung abgeschöpft und gespeichert haben. Stattdessen die Durchsetzung der informationellen Selbstbestimmung der Wirtschaft zu überlassen, ist auch unrealistisch. Dass private Unternehmen in einer de facto öffentlichen, aber großenteils von ihnen geschaffenen Infrastruktur freiwillig auf die Kommerzialisierung personenbezogener Daten verzichten, kann nur ein frommer Wunsch sein. Schließlich das Individuum; niemand zwingt es, Facebook oder TikTok zu benutzen, könnte man argumentieren. Aber auch das ist unrealistisch, wie das in Kap. 4 (Abschn. „Paradox") erwähnte Privatheitsparadox gezeigt hat, dass nämlich viele Menschen für den Verkehr im Internet private Information preisgeben lässt, obwohl sie es eigentlich nicht wollen.

Um die richtige Politik und zielführende Gesetzgebung für die Anwendung der DSGVO und die künftige Gestaltung der Online-Welt zu entwickeln, stützen sich die Europäische Kommission und andere Gremien der EU heute auf Multi-Stakeholder-Expertengruppen,[34] an denen öffentliche, zivilgesellschaftliche und private Akteure beteiligt sind. Zu den drei genannten Parteien kommen noch Technik und Wissenschaft hinzu, deren Vertreter/innen Aussagen darüber machen können, was realisierbar ist, ohne sich dabei (allzu sehr) von Staatsräson, einem Geschäftsmodell oder persönlichen Interessen leiten zu lassen.

Es bleibt noch viel zu tun für solche Expertengruppen, denn das soziotechnische Beziehungsgewebe in der Online-Welt entwickelt sich noch immer mit großer Geschwindigkeit. Wie Recht und Politik darin Privatheit und informationelle Selbstbestimmung absichern können und wie sie dafür sorgen können, dass digitale Privatheit kein Widerspruch in sich wird, hängt von vielen Faktoren ab, deren einige in diesem Kapitel zur Sprache gekommen sind. Sie lassen allesamt erkennen, dass der Schutz der Privatsphäre für Recht und Politik ein großes Thema bleibt.

---

[34] S. z. B. https://ec.europa.eu/transparency/expert-groups-register/screen/expert-groups/consult?do=groupDetail.groupDetail&groupID=3537&lang=de.

6

Privat: Licht und Schatten

Das Recht zu entscheiden, welche Informationen privat bleiben dürfen und welche öffentlich zugänglich gemacht werden können oder sollen, ist in der Regel heftig umstritten.

Bauman 2010, S. 9)

Ein Gesetz, das es verbietet, etwas zu bauen, ohne seine Wirkungsweise und seine Folgen zu verstehen, gibt es nicht. Deshalb ist das Internet so, wie es ist. Die historischen, kulturellen, sozioökonomischen und politischen Aspekte des Einflusses der Digitalisierung auf Privatheit rekapitulierend, zeigt dieses Kapitel zusammenfassend, wie kontingent diese tragende Säule unserer Gesellschaft ist und wie sie sich vor unseren Augen mit Folgen für uns alle verändert.

Das Private ist keine Privatangelegenheit. Es ist vielmehr ein Schlüsselelement unserer Gesellschaftsordnung. Die Aufmerksamkeit, die der Frage, was „privat" heute noch bedeutet, geschenkt wird, wäre nicht zu verstehen, wenn das anders wäre. Als Männer und Frauen und Nicht-Binäre, als Konsumenten und Produzenten, Arbeitgeberin und Arbeitnehmerin, als Wählerinnen und Gewählte, als Nutzerinnen von TikTok oder LinkedIn, als Gläubiger oder Schuldner, Ärzte und Patienten, Schüler und Lehrerin, Absenderin und Empfänger von Emails, gleichviel welche Rolle wir spielen, welche Seite von uns selbst wir herauskehren, in welcher Eigenschaft wir mit anderen in Beziehung treten, wie wir in den vorausgegangenen Kapiteln gesehen haben, begleitet uns Privatheit auf vielfältige Weise als Bedürfnis, Intimität, Voraussetzung von Handlungsfreiheit, politisches Postulat, Recht, Wirtschaftsgut, kultureller Wert, als Tradition und Ideologie. Sie steht nicht immer im Vordergrund, aber in der modernen Welt können wir uns eine Gesellschaft, in der es keine Privatheit gibt, kaum vorstellen. Und doch steht sie heute in vieler Hinsicht zur Disposition.

Wandelbare Privatheit

Das resultiert unmittelbar aus der vielschichtigen Semantik des Begriffs, die es schwierig, wenn nicht unmöglich macht, den Kern dessen zu erfassen, was Privatheit beinhaltet und andererseits sehr weitreichende Interpretationsmöglichkeiten bietet. Zygmunt Baumans prägnante Charakterisierung unserer Zeit als flüchtige Moderne drängt sich hier auf. Sie besagt, dass das moderne Leben „die tägliche Einübung der universellen Vergänglichkeit ist [und] dass nichts in dieser Welt von Dauer, geschweige denn ewig sein muss" (Bauman 2008, S. 184). Dieses an den in Kap. 3 (Abschn. „Familienbande") erwähnten Topos der indischen Philosophie erinnernde Weltverständnis nimmt sich in solcher Allgemeinheit trivial aus. In unserer mediatisierten, von Updates bestimmten Zeit, wo „nicht von Dauer" manchmal in Tagen gemessen wird, ist es das aber nicht. Sozialer Wandel vollzieht sich nicht in immer gleichem Takt, sondern reicht von ruhigen Phasen kaum wahrnehmbarer gradueller Anpassungen bis zu sprunghaften Systemtransformationen. Die revolutionären Veränderungen der Kommunikationstechnologien des vergangenen halben Jahrhunderts sind von letztgenannter Art. Sie transformieren durch permanente Konnektivität auch unsere private Zeit. Die Beschleunigung des Lebens brachte einen qualitativen Wandel unserer Gesellschaft und der Ausgestaltung sozialer Beziehungen mit sich. Wie die Soziologin Judy Wajcman (2015, S. 137) es formuliert: „Die Leichtigkeit, mit der digitale

Geräte Arbeit in Räume und Zeiten teleportieren, die einst dem persönlichen Leben vorbehalten waren, stellt eine qualitative Verschiebung der Dynamik dar." Die Trennlinie zwischen Arbeitszeit und privater Zeit für Familie, Entspannung und Müßiggang ist zerbröckelt, was während der Corona-Pandemie besonders deutlich wurde. Wohin der digitale Kapitalismus, der gegenwärtige Motor der Entwicklung, führen wird, ist gerade wegen der Geschwindigkeit der unaufhörlichen Innovationsprozesse selbst für relativ kurze Zeiträume schwer abzusehen. Wird es auch in Zukunft Zeit für Privatheit geben? Eher als diese Frage ist einstweilen die zu stellen, wie Privatheit in Zukunft aussehen wird, was sie beinhalten wird und wie, in welchem Maße, wir sie gestalten wollen und können. Denn vieles deutet darauf hin, dass Privatheit in dem komplexen Beziehungsgefüge gesellschaftlicher Konventionen, gesetzlicher Normen, wirtschaftlicher Interessen und technischer Verbindungen noch immer einen Platz hat, und sei es als Wunsch oder Nostalgie. Aber das Spannungsverhältnis zwischen Privatheit und Öffentlichkeit wandelt sich (Abb. 6.1).

Mehr denn je ist es deshalb geboten, die Gesellschaft nicht als einen Zustand, sondern als Folge von Ereignissen, von dynamischen Beziehungsgefügen oder im Sinne von Elias als Zivilisationsprozess zu betrachten, denn wir können weder die gegenwärtigen gesellschaftlichen Verhältnisse noch in Zukunft mögliche Veränderungen derselben verstehen, „wenn wir die Entwicklung von der Vergangenheit in die Gegenwart ignorieren" (Elias 1992, S. 198). In der Vergangenheit, zumindest seit der Aufklärung, waren Privatheit und mit ihr die Würde des autonomen Individuums in Europa Ideale der Vergesellschaftung. „Die Würde des Menschen ist unantastbar. Sie zu achten und zu schützen ist Verpflichtung aller staatlichen Gewalt." Wer die ersten beiden Sätze des ersten Artikels des deutschen Grundgesetzes nicht kennt, kennt das Fundament des Persönlichkeitsrechts und damit der rechtlichen Dimension der Privatsphäre nicht, nämlich dass sie nicht nur gegen staatliche Eingriffe geschützt werden muss, sondern es Aufgabe des Staates ist, sie zu schützen, was nicht als Widerspruch angesehen wird. Das markiert einen wesentlichen Unterschied zu anderen Rechtstraditionen, z. B. der der Vereinigten Staaten, wo, wie der Jurist James Q. Whitman (2004) im Detail dargelegt hat, der Staat seit seiner Gründung als Hauptfeind der Privat-

Abb. 6.1 Privatheit in der Öffentlichkeit. (Foto: Florian Coulmas)

sphäre angesehen wird. Auf ähnliche Weise prägen Rechtstraditionen überall das Verständnis von Privatheit, wie auch der heutigen Gesetze, Datenschutzregeln und Nutzungsbedingungen, obwohl es die Instrumente, für die diese Bestimmungen gelten, in der Zeit, als sich das Bewusstsein von Selbstbestimmung und privaten Entscheidungs- und Handlungsräumen entwickelte, noch gar nicht gab. Als das Grundgesetz geschrieben wurde, war das Internet noch nicht einmal am Horizont. Dessen ungeachtet verpflichtet es den Staat dazu, die Würde seiner Bürger und Bürgerinnen zu schützen, und die umfasst nach hiesigem Verständnis die Privatsphäre. Soviel nur zur Relevanz der prozessualen Gesellschaftstheorie.

Die abstrakte Idee der Privatheit hat auch innerhalb ein und derselben Kultur viele tiefgreifende Veränderungen der gesellschaftlichen Realität überlebt. Um nur einige aus der jüngeren Vergangenheit zu nennen, deren Bezug dazu unmittelbar deutlich ist: 1960 betrug die durchschnittliche Wohnfläche pro Person in Westdeutschland 19,4 m²; 2004 mehr als doppelt so viel. Gleichzeitig vervierfachte sich die Anzahl der Haushalte mit Telefonanschluss von jedem vierten zu beinah allen. Noch in den 1980er-Jahren hatte fast niemand ein Mobiltelefon. 2021 erreichte seine durchschnittliche Verbreitung 110 % der Bevölkerung. 1960 hatten 25 % der Bevölkerung die Hochschulreife, 2004 42 %. Die Lebenserwartung ist von 1950 bis 2010 um ein gutes Drittel angestiegen, während die Fertilitätsrate (Lebendgeburten pro Frau) gleichzeitig um ein Viertel zurückging. Bis 1994 war das öffentliche Zurschaustellen von Homosexualität nach § 175 StGB mit Strafe bedroht. – Mehr Platz, kleinere Familien, höheres Bildungsniveau, mehr alte Menschen, mehr Freiheit und Toleranz, telefonische Erreichbarkeit immer und überall – persönlich und nicht nur unter einer Festnetznummer im Büro oder zuhause; diese hier nur emblematisch genannten, da relativ auffälligen Veränderungen können das, was privat ist und das Verhältnis von Privatheit und Öffentlichkeit nicht unberührt lassen. Hierauf bezogen bedeutet Baumans oben zitierte Bemerkung über die Vergänglichkeit auch, dass privat nicht mehr das ist, was es einmal war. Wir benutzen den Begriff nach wie vor, aber er bedeutet in vieler Hinsicht heute etwas anderes als im Zeitalter der Postkutschen oder auch nur vor 50 Jahren, denn mit der wirtschaftlichen und gesellschaftlichen Entwicklung schreiben wir ununterbrochen neue Geschichten, um uns unsere Lebenswelt verständlich zu machen. Zum Beispiel die Geschichte von Privatheit als etwas Heiligem.

Für Isaiah Berlin war Privatheit ein Aspekt der individuellen Freiheit und zwar der Freiheit von Behinderung und Zwang. Diese Art von Freiheit nannte er „negative Freiheit" (Freiheit von …), also den „Bereich, wo man, ohne von anderen daran gehindert zu werden, handeln kann" (Berlin 1958/1969, S. 168). „Positive Freiheit" (Freiheit zu …) leitete er demgegenüber von dem Wunsch des Individuums her, sein eigener Herr zu sein (Berlin 1958/1969, S. 178). Frei bin ich nur, wenn ich mein Leben nach meinen eigenen Wünschen gestalten kann und – das ist entscheidend – dazu die Mittel habe. Daraus ergibt sich, dass Freiheit in der Gesellschaft ungleich verteilt ist, ebenso wie die Mittel, sich das Leben nach eigenen Vorstellungen und Wünschen zu gestalten. Mit Privatheit ist es nicht anders, jedenfalls, wenn dabei über die materiellen Rahmenbedingungen einer Privatsphäre gesprochen wird: je ärmer, desto weniger Privatheit. Soziale Ungleichheit ist eines der markantesten Merkmale der Welt, in der wir leben (s. z. B. Sen 1992, Cramme und Diamond 2009; Chancel und Piketty 2021). Sie durchdringt viele Bereiche: Besitz und Einkommen, Bildung, Wohnung, Gesundheit, Lebenserwartung, wie auch Zugang zu Infrastruktur, Sicherheit und eben Privatheit.

Trotz der Differenzierung von negativer und positiver Freiheit war sich Berlin des veränderlichen Charakters von Freiheit im sozialen Zusammenleben bewusst und sagte über die Bedeutung des Begriffs, sie sei „so porös, dass es kaum eine Interpretation gibt, der sie widerstehen könnte" (Berlin 1958/1969, S. 168). Von der Bedeutung des Begriffs Privatheit lässt sich, wie wir in den vorausgegangenen Kapiteln gesehen haben und wie aus seiner Verknüpfung mit dem der Freiheit folgt, das Gleiche sagen.

Berlin diskutierte Privatheit im Kontext seiner Freiheitstheorie, wo er sie, wie am Beginn dieses Kapitels zitiert, „etwas Heiliges" nannte und den Niedergang der Privatheit als „Tod einer Zivilisation, einer ganzen moralischen Weltanschauung" (Berlin 1958/1969, S. 176) bezeichnete. Diese für die bürgerliche Gesellschaft typische Zivilisation war eng mit dem Individualismus verbunden, der inzwischen im Westen noch stärker ausgeprägt ist als zu seiner Zeit. Als Berlin über Freiheit nachdachte, erschien die Geschichte, die er über Privatheit erzählte, dem Bürgertum und vielen Intellektuellen plausibel. Privatheit war in der Tat ein selbstverständlicher Bestandteil ihrer Weltanschauung, die, wie Berlin ebenfalls betonte, in der Geschichte eher die Ausnahme als die Regel war und deren Verfall er mit Bedauern beobachtete.

Fünfzig Jahre später wurde die Privatsphäre wieder von prominenter Seite totgesagt, als Bauman (2010, S. 8) den Niedergang „dieser bedeutendsten modernen Erfindung" in der von ihm so genannten „Bekenntnisgesellschaft" ausmachte, einer Gesellschaft, die von Usern, Freunden, Gamern, Social Influencern, Followern, Bloggern, digitalen Selbstdarstellern u. a. bevölkert wird. In der so beschriebenen Gesellschaft ist es Gang und Gäbe, sich nicht nur mit Heldentaten und Stärken zu brüsten, sondern auch die eigenen Sünden und Schwächen, Wünsche, Perversitäten und Fehler nicht mehr zu verbergen oder allenfalls hinter vorgehaltener Hand „ganz im Vertrauen" mitzuteilen, sondern sich dazu in aller Öffentlichkeit zu bekennen. Das kann man wie Bauman als Aushöhlung oder Niedergang der Privatsphäre betrachten, aber gegenläufige Tendenzen, die auf ihre Verteidigung hindeuten, sind auch erkennbar, wenn nämlich ganz andere Geschichten über Privatheit erzählt werden, z. B. von Internetnutzer/innen, die sich über das Eindringen in ihre digitale Privatsphäre, über Belästigung, Stalking, Diskriminierung, Androhung von Gewalt und Nötigung online beklagen, auf den Einfluss sozialer Medien auf psychische Erkrankungen hinweisen oder versuchen, sich den IT-Mogulen zu widersetzen, die das Ende der Privatheit ausrufen, da die im Konflikt mit ihren Profitinteressen steht. Das Private wird also von innen und von außen unterminiert.

An die zum Einstieg im ersten Kapitel aufgeführten Aspekte des Begriffs anknüpfend, können noch viele andere Geschichten über das Private erzählt werden. Sie handeln von Privat*eigentum*, *-recht*, *-gesellschaften*, *-unternehmen*, *-kundschaft*, *-bank*, *-detektiv*, *-kredit*, *-fahrt*, *-haus*, *-jet*, *-leben*, *-sekretär*, *-wohnung*, *-gelehrten*, *-dozent*, *-stunden*, *-patient*, *-schule*, *-armee*, *-versicherung*, *-vergnügen*, *-trainer*, *-grundstück*, *-weg* (Abb. 6.2) und was noch alles privat sein kann. Diese Aufzählung dient nur als Hinweis darauf, dass Lexikon und Grammatik immer auf unserer beschränkten Wahrnehmung und Kenntnis der Welt beruhen, in der wir z. B. privat und öffentlich einander gegenüberstellen oder Vergangenheit, Gegenwart und Zukunft unterscheiden, als handelte es sich dabei um klar voneinander abgegrenzte Sphären, die an und für sich und nicht nur

Abb. 6.2 Privatweg. (Foto: Florian Coulmas)

in unseren Gedanken existieren. Die vielen damit zusammengesetzten Wörter illustrieren das breite Bedeutungsspektrum von „privat", das wir weiter vertiefen können, indem wir nach dem Gegenteil von privat bzw. den Gegensätzen der aufgeführten Komposita fragen: Privateigentum vs. Gemeineigentum, Privatrecht vs. öffentliches Recht, Privatwohnung vs. Mietwohnung, Privatpatient vs. Kassenpatient, usw. Dabei zeigen sich die vielfältigen Facetten des Begriffs ex negativo, also das, was privat nicht ist, wie amtlich, beruflich, gesetzlich, öffentlich, veröffentlicht, publik, gruppenspezifisch, sozial, staatlich, national, allgemein, gemeinnützig, pflicht(versichert), usw. Die Beispiele zeigen, dass „privat" in den Geschichten, die wir uns über unsere Gesellschaft erzählen, fest verwurzelt ist, auch wenn, oder gerade, weil die Bedeutung „so porös" ist. Dank dieser Vagheit und Mannigfaltigkeit verändert sich die Bedeutung unbemerkt, u.U. so sehr, dass verschiedene Ausprägungen des Privaten miteinander unvereinbar sind. Dass sich die genannten Gegensätze nicht alle ohne Weiteres aus dem deutschsprachigen Kontext in einen anderen übertragen lassen – etwa der Unterschied zwischen Privat- und Kassenpatient – kommt noch hinzu, da viele dieser Differenzen in das Gesellschaftssystem eingebunden und ohne Kenntnis desselben schwer verständlich sind. Schon in den benachbarten Niederlanden muss man erklären, was ein Kassenpatient ist, da die dortige Bevölkerung nicht in diese beiden Gruppen unterteilt wird. In einem Kulturraum, in dem sich über Jahrhunderte viele gemeinsame Konventionen, Muster und Praktiken des Verhältnisses von Individuum und Gesellschaft herausgebildet haben, gibt es somit, obschon man das gleiche Wort benutzt, Differenzen in der Bedeutung von „privat" und im Verständnis davon, was Privatheit beinhaltet. Wie in Kap. 3 diskutiert, werden solche Unterschiede in weiter von Europa entfernten Kulturen größer. Sobald man ins Detail geht, treten sie zutage; Religionszugehörigkeit zum Beispiel. Ist die keine Privatsache? Eine japanische Kollegin fand es befremdlich, dass sie beim Einwohnermeldeamt nach ihrer Religion gefragt wurde. Als man ihr erklärte, das habe steuertechnische Gründe, war das für sie eine noch überraschendere Geschichte über Privatheit. Dass der Glaube Privatsache ist, würden viele Christ/innen bejahen, obwohl der Staat, vertreten durch das Finanzamt, von ihrer Konfession weiß und obwohl der Kirchgang eine sehr öffentliche Manifestation der Religionszugehörigkeit ist. Eine widersprüchliche Geschichte?

In wieder einer anderen Geschichte, die heute die Gemüter beweget, figuriert Privatheit als Rückzugsraum der Bürger, in dem sie unbeobachtet und unbedroht von Zensur ihre Meinung äußern und austauschen können und der somit ein unverzichtbarer Systembestandteil einer demokratischen Gesellschaftsordnung sei (z. B. Weber-Guskar 2019). Es kommt nicht von ungefähr, dass die technosozialen Umwälzungen, die wir erfahren, auch zu Diskussionen darüber geführt haben, ob wir schon die ersten Schritte in ein postdemokratisches Zeitalter gesetzt haben und weiter in diese Richtung gehen, was, z. B. der Politikwissenschaftler Colin Crouch (2020, 2021) befürchtet. Potenziell haben wir in unserer Privatsphäre dank der digitalen Kommunikationsmittel Zugang zu unvergleichbar mehr politischer Information als in prädigitalen Zeiten; zu viel, sagen manche, denn diese Privatsphäre ist auch der Ort, wo Menschen sich in Filterblasen abschotten und den Informationsfluss auf das reduzieren, was sie in ihrer Auffassung bestätigt. Dabei werden sie von Suchmaschinen und sozialen Medien mit Algorithmen unterstützt, die Vorurteile und politische Einstellungen verstärken. Dass politische Meinungsbildung immer mehr über soziale Medien-Posts und in „privaten" Chatgruppen erfolgt, ist ein Aspekt der mediatisierten Gesellschaft, obwohl diese Gruppen weder bezüglich ihrer Mitgliedschaft noch der Acquisition ihrer Daten durch ihre Betreiber wirklich privat sind.

Beschränkte Blickwinkel und mangelnde Bereitschaft, andere Meinungen zur Kenntnis zu nehmen, gab es auch vor dem Internet, aber den Terminus „Filterblase" gab es nicht. Er ist einer von vielen neuen Begriffen,[1] die sich speziell auf Online-Kommunikation beziehen, von der wir

---

[1] Weil die Digitalisierung den sprachlichen Wandel stark beschleunigt hat, fördert das Bundesministerium für Bildung und Forschung das Zentrum für digitale Lexikografie der deutschen Sprache, wo „Filterblase" wie folgt beschrieben wird: (Neulexem, Zehnerjahre), Bedeutung.

Situation, in der Nutzern von Webseiten und sozialen Medien durch Auswertung ihres Nutzerverhaltens nur noch solche Informationen und Meinungen angezeigt werden, die mit ihren übereinstimmen und sie in diesen bestätigen, wodurch intellektuelle Isolation entsteht. https://www.zdl.org/?q=Filterblase.

mittlerweile wissen, dass sie sich in wesentlichen Punkten von direkter zwischenmenschlicher Kommunikation unterscheidet. Das Wort „Filterblase" kam in Gebrauch, weil wir eine Sprache benötigen, um über ein Phänomen zu reden, das die heutige Gesellschaft und ihre Kommunikationsformen kennzeichnet. Er ist negativ besetzt, was ein Hinweis darauf ist, wie dieses Phänomen wahrgenommen wird.

Online-Kommunikation ist vor allem weniger sozial als das Gespräch von Angesicht zu Angesicht. Wenn Menschen mit Menschen reden, sind sie nicht so grob und eher bereit, einander zuzuhören, als wenn sie mit Computern bzw. computervermittelt kommunizieren. Die sozialen Normen sind andere. „Kein Mensch ist eine Insel", heißt es sprichwörtlich nach einem Gedicht von John Donne. Im 17. Jahrhundert, als er es schrieb, war das vielleicht so; in die Privatsphäre einer Filterblase zurückgezogen, kommt man einer Insel heute hingegen ungeachtet der Informationsflut, die einen auch dort überspülen kann, sehr nahe. Das ist eine der Paradoxien der digitalen Gesellschaft: Beschränkung durch Übermaß an Information. Auch nur einen winzigen Teil der verfügbaren Information zu verwenden, gefährdet oder vernichtet persönliche Kommunikation.

Ein Extrembeispiel ist „sozialer Rückzug", ein zuerst in Japan diagnostiziertes pathologisches Syndrom, das Sozialpsychologen mittlerweile in vielen Ländern beobachten (Ike et al. 2020) und mit dem Verkehr im Internet, speziell mit Internet*sucht* in Verbindung bringen.[2] Davon befallene Personen übersteigern den Wert der Privatsphäre, indem sie sich komplett aus der Gesellschaft zurückziehen und die meisten oder alle zwischenmenschlichen Kontakte abbrechen, außer Online-Kontakten. Die Größe der betroffenen Bevölkerungsgruppe variiert von Land zu Land und ist zumeist nicht sehr groß (Stark et al. 2021), aber das Phänomen ist auch noch nicht sehr lange bekannt, weswegen Digitalisierung als ein potenziell verstärkender Faktor nicht ignoriert werden sollte. Ob exzessive Nutzung des Internets zu sozialem Rückzug führt oder umgekehrt, ist wissenschaftlich noch nicht entschieden, aber die Auswirkungen auf das Kommunikationsverhalten sind deutlich. Soziale Medien sugge-

---

[2] Zu Statistiken zur Online-Sucht s. Bundesministerium für Gesundheit, https://www.bundesgesundheitsministerium.de/service/begriffe-von-a-z/o/online-sucht.

rieren, dass sie persönliche Beziehungen ermöglichen, sind aber ihrer Natur nach unpersönlich, denn man kann sich hinter einem Nutzernamen verstecken, um einer Gruppe beizutreten, und Online-Konversationen kann man unvermittelt ohne Scham den Rücken kehren, ohne das Gesicht zu verlieren; denn in sozialen Netzwerken kann – jedenfalls für den Alltagsgebrauch[3] – anonym auftreten, wer das möchte. Anders als wenn man eine persönliche Beziehung abbricht, geht das ohne emotionale Belastung. Enthemmung, Hass, Verbreitung von Unwahrheiten und schlechte Sitten, die man in direkter Kommunikation weniger beobachtet, sind mögliche Folgen. In der digitalen Privatsphäre gelten andere Normen sozialer Kontrolle, bei denen eher die Optimierung der Selbstpräsentation als Anstand im Umgang mit anderen im Vordergrund steht.

Weder soziale Kontrolle, noch Selbstbestimmung sind in sozialen Netzwerken vorgesehen, denn unter den heute herrschenden Bedingungen sind ihre Betreiber nur einem Grundprinzip verpflichtet: der Gewinnmaximierung, die, wie sie es gern verbreiten, alle glücklich machen wird. Nach dem neoliberalen Glaubensbekenntnis ist die Privatisierung öffentlicher Dienstleistungsbetriebe und Infrastrukturen gut für das Gemeinwesen, obwohl Beweise dafür, dass Unternehmen ihre Strategien auf die allgemeine Wohlfahrt statt auf Gewinn ausrichten, rar sind. Demgegenüber mangelt es nicht an Evidenz dafür, dass eben diese Unternehmen jahrelang nichts getan haben, um Minderjährige vor sexueller Ausbeutung, Online-Mobbing und Verbreitung von Anorexia- und Suizid-Propaganda etc. zu schützen. Noch ein Paradox des digitalen Kapitalismus, wie wir ihn heute erleben: Privatbetriebe sind zur größten Gefahr der Privatsphäre geworden. Deshalb rufen viele IT-Spezialist wie z. B. Alan Morrison (2023), sowohl Einzelpersonen als auch Organisationen dazu auf, die Kontrolle über ihre Daten zu verteidigen, insbesondere ihre empfindlichsten personenbezogenen Daten. Ob das gelingen wird, ist für alle, die sich nicht auf die Seite von Big Tech schlagen oder mit dem Argument zufriedengeben, dass die positiven Seiten der Digitalisierung die negativen überwiegen, eine der großen Fragen unserer Zeit.

---

[3] Im Internet kann man zahlreiche Tipps finden, um eine Person zu identifizieren, die in sozialen Medien nur mit einem Nutzernamen auftritt. Es ist möglich, aber nicht ohne Mühe.

Die Zukunft der Privatheit: Widersprüche

Lässt sich zu dieser Frage irgendetwas Substanzielle sagen, wenn wir nicht ins Kaffeesatzlesen abgleiten wollen? Zwei schon mehrfach erwähnte Bedingungen erschweren das, erstens die Unbeständigkeit des Begriffsinhalts von Privatheit und zweitens die Geschwindigkeit des soziotechnischen Wandels. Dass Privatheit trotzdem ein heißumkämpftes Territorium ist und bleibt, bezeugt ihre Bedeutung für unsere Gesellschaft und dass sie eng mit den Machtverhältnissen der Mediatisierung verwoben ist. Was ihre Zukunft bestimmen wird, sind Paradoxien, die auch als Widersprüche, Interessenkonflikte oder dialektische Prozesse gefasst werden. Auf einige der wichtigsten soll hier abschließend die Aufmerksamkeit gelenkt werden. Sie sind Teil der andauernden gesellschaftlichen Transformation, weswegen sich aus den diversen darüber geführten Diskussionen allenfalls Facetten einer zukünftigen Privatheit ableiten lassen.

(1) Immer engere Vernetzung und allgegenwärtige Datenverarbeitung durchdringen alle Lebensbereiche und sind auch aus der Privatsphäre praktisch nicht mehr zu eliminieren. Das betrifft nicht nur die zwischenmenschliche Kommunikation, sondern Privatwohnungen, Haushaltsgeräte, Sportuhren, Autos und andere Transportmittel, die Ausstattung von Arbeitsplätzen, Schulen und öffentlichen Räumen mit Geräten des Beobachtens, der Überwachung, des Datensammelns, -speichers und -verarbeitens. Für alle, die mit dem Internet aufgewachsenen sind, ist das die Normalität. Nur die älteren Generationen bringen die Frage, wer die voranschreitende Digitalisierung und die damit einhergehende Verdatung unserer Lebensläufe kontrollieren soll, in den öffentlichen Diskurs und rufen den Gesetzgeber dazu auf, mal nachdrücklicher, wie in Europa, mal halbherziger, wie in USA. Da es sich um eine mehrschichtige Entwicklung mit einer starken globalen Dimension handelt, kommt der Nationalstaat nicht nur als Hüter der Privatsphäre seiner Bürger und Bürgerinnen, sondern als Souverän dadurch unter Druck.

(2) Staaten, die für die Sicherheit der Bevölkerung, (angeblich oder tatsächlich) zur Terrorbekämpfung und für die Kontrolle internationaler Migrationsbewegungen umfassende Überwachungssysteme aufgebaut haben, sind die eine große Herausforderung individueller Privatheit; eine kleine Zahl global agierender Daten sammelnder und damit Geschäfte machender Unternehmen die andere. Während der Staat Eingriffe in die individuelle Privatsphäre als Sachwalter der Öffentlichkeit legitimiert, berufen sich Privatbetriebe dabei auf den Grundstein der neo-liberalen Wirtschaftsordnung.

Vor mehr als hundert Jahren schrieb Bertrand Russell: „Die Abschaffung des Privatbesitzes von Land und Kapital ist ein notwendiger Schritt auf dem Weg in eine Welt, in der Nationen in Frieden miteinander leben" (Russell 1918, Kap. 6). Wir könnten weiter zurückgehen zu Marx und Engels, die das auch dachten; oder zu dem französischen Philosophen Pierre-Joseph Proudhon (2014), der Privateigentum mit Diebstahl gleichsetzte; zu Jean-Jacques Rousseau (s. Kap. 2, Abschn. „Privateigentum"); oder noch viel weiter in die Vergangenheit zur *Mahābhārata* (III-92), einem altindischen philosophischen Text, der lehrte, dass Gier eine endlose Krankheit ist. Allein, trotz ihres ehrwürdigen Alters haben sich diese Überzeugungen nicht durchgesetzt. In einer Welt, in der Profitgier verpönt ist, das hat die Okkupation des Online-Raums deutlich gezeigt, leben wir heute ebenso wenig wie im 19. Jahrhundert oder vor zweitausend Jahren. Russells Meinung stand im krassen Gegensatz zu dem politischen Grundprinzip des Liberalismus, nämlich dem Recht auf Privateigentum, was Anlass zu der Frage gibt, ob Privatheit ohne Privateigentum überhaupt möglich ist. Mit der Modernisierung wurde die im Privateigentum verankerte Privatheit jedenfalls zu einem Streitpunkt zwischen individuellen und sozialen Ansprüchen. Heute, in den komplexen medialisierten Gesellschaften des 21. Jahrhunderts, ist die Abschaffung von Privatbesitz an Land und Kapital schwer vorstellbar, aber der Streit darüber dauert an. Das bezeugt die große Beachtung, die der französische Ökonom Thomas Piketty mit seinen Studien zum Kapital gefunden hat. Die Ideologie des Eigentums, argumentiert er, sei „ein Versprechen von sozialer und politischer Stabilität, aber auch von individueller Emanzipation durch das Eigentumsrecht, das angeblich allen offenstehe, oder wenigstens allen Erwachsenen männlichen Geschlechts" (Piketty 2020, S. 164). Der spöttische Nachsatz verrät, dass bei der Ideologisierung des Rechts auf Privateigentum der Aspekt, den Russell vor Augen hatte, ignoriert wurde, die soziale Ungleichheit.

Artikel 15 des deutschen Grundgesetzes besagt: „Grund und Boden, Naturschätze und Produktionsmittel können zum Zwecke der Vergesellschaftung durch ein Gesetz, das Art und Ausmaß der Entschädigung regelt, in Gemeineigentum oder in andere Formen der Gemeinwirtschaft überführt werden." Die Frage, ob bzw. inwieweit dieser Artikel auf den Online-Raum anwendbar ist, wird wegen dessen grenzüberschreitender Natur selten diskutiert. Im nationalen Rahmen wird aber sehr wohl darüber gestritten, ob die Verfügung über personenbezogene Daten den IT-Unternehmen entzogen und in dafür zu schaffende öffentlich zugängliche Datenbanken überführt werden sollte.[4] Das wäre ein Schritt in Richtung auf die Wiederherstellung des Internets als Gemeingut. Bezüglich der Zukunft der Privatheit kommen Staaten bzw. Regierungen schon wegen der zunehmenden Cyber-Kriminalität nicht umhin, sich weiter mit der Regulierung des Internetverkehrs zu befassen (Powell et al. 2018). Die Verstaatlichung von Online-Service-Unternehmen ist kein populäres Thema, weil staatliche Kontrolle in diesem Bereich mit der Zensur totalitärer Staaten assoziiert wird. Aber muss das so sein, und muss die Ausbeutung unserer Daten durch marktbeherrschende Monopolisten deshalb hingenommen werden? In jedem Fall bleibt die Kontrolle des Internets ein Balanceakt, der Normen schaffen und Schutz und Sicherheit gewähren muss, ohne einerseits wirtschaftliche Chancen zu beeinträchtigen und andererseits das Recht auf persönliche Privatheit zu untergraben.

(3) Wir offenbaren uns gegenüber dem Staat, wollen jedoch nicht, dass er uns überwacht. Das muss er aber. Als Eltern, die Kindergeld beziehen, lassen wir den Staat wissen, dass wir Kinder haben; als

---

[4] S. z. B. Reclaiming the digital commons. Bennett Institute for Public Policy, 24 März 2023. https://www.bennettinstitute.cam.ac.uk/blog/reclaiming-the-digital-commons/.

Rentner, dass wir einen Anspruch haben; als Steuerzahler, was wir verdienen; als Wähler, wo wir wohnen, u. v. m. Insbesondere der Sozialstaat weiß vieles von seinen Bürgern und Bürgerinnen, die immer „gläserner" werden (s. Kap. 2, Abschn. „Privateigentum"). Ist es ein Widerspruch, dass durch die Serviceleistungen des Staates die Grenzen zwischen privat und öffentlich aufgeweicht werden? Die Digitalisierung hat diese Frage für die einen noch brisanter gemacht, als sie (z. B. bei der Volkszählung 1983) schon war, und für die anderen obsolet. Erstaunlich ist, wie schnell sich die überwiegende Mehrheit der Internetnutzer/innen daran gewöhnt hat, dass personalisierte Werbung ein Teil des Lebens ist und ihre durch Tracking erfassten personenbezogenen Informationen, über die nach traditionellen europäischen aber heute veralteten Vorstellungen von Privatheit allein sie verfügen können sollten, von den großen Internet-Unternehmen ausgebeutet werden.

(4) Ist Selbstbestimmung ohne exklusive Kontrolle über die eigenen personenbezogenen Daten möglich? Anders formuliert, ist die ausschließliche Verfügung über die eigenen personenbezogenen Daten eine Bedingung der Selbstbestimmung? Die positive Beantwortung dieser Frage würde unter den Bedingungen des digitalen Kapitalismus das Ende der (uneingeschränkten) Selbstbestimmung bedeuten, denn „in dem Moment, in dem wir als Kunden, Selbstvermesser oder schlicht als Internet-Surfer die digitale Arena betreten, werden unsere Daten zu einem Produkt, das verwertet, rekombiniert und weiterverkauft werden kann […] selbst das Privateste wird nun kommodifiziert" (Mau 2017, S. 265). Erreicht wird das durch den subtilen Zwang des (vermeintlich) Unvermeidlichen. In Europa wird er uns durch die Datenschutzbestimmungen vor Augen geführt, denen wir auf Schritt und Tritt im Internet begegnen. In anderen Wirtschaftsräumen, insbesondere in USA, werden Nutzerdaten – „selbst das Privateste" (Mau 2017, S. 265) – vielfach ohne Zustimmung vermarktet, und auch in Europa ist der Schutz der Privatsphäre im Cyber-Raum alles andere als perfekt. Cookies, z. B., werden oft als technisch notwendig bezeichnet, um ihren Gebrauch zu rechtfertigen. Manche Unternehmen bieten ihren Online-Kunden an, die Datenschutzbestimmungen, denen sie unterliegen

und ihre oft seitenlangen allgemeinen Geschäftsbedingungen zu lesen; aber wer macht das? Und wenn diese Bestimmungen nicht eingehalten werden, wer kontrolliert und sanktioniert es? Bisher fehlt es im deutschen Recht an einer effektiven Zuweisung der Aufsichtszuständigkeit. Wenn eine solche kommt, wird sie die dann eingeschliffene Akzeptanz der Datenausbeutung durch Unternehmen rückgängig machen, oder ist die Vermarktung des Privaten schon der nicht mehr zu revidierende Normalfall?

(5) Dass Big Tech-Unternehmen sich im Interesse der individuellen Selbstbestimmung oder aus Freundlichkeit dazu entschließen, der Internetbevölkerung die Hoheit über ihre Daten zurückzugeben, erwartet niemand, da sie damit, wie oben erwähnt, gegen ihr eigenes Grundprinzip verstoßen würden. Könnten sie stattdessen mit ihren eigenen Waffen geschlagen werden? Ausspionierung, Überwachung und Datenappropriation werden durch Technik ermöglicht. Lässt sich der Spieß umdrehen? Kann technische Innovation helfen, die Sicherung der Privatsphäre zurückzugewinnen? In der Offline-Welt gibt es z. B. Smart-Glas, das zu verschiedenen Graden der Undurchsichtigkeit wechseln und so zum Schutz nicht nur gegen Sonnenlicht, sondern auch gegen Einblick in Privaträume eingesetzt werden kann. Ähnlich gibt es Schutzbrillen gegen Gesichtserkennung und falsche Finger aus Silikon zum Schutz des eigenen Fingerabdrucks. Und es gibt Software, die Werbetreibende und Serviceanbieter daran hindert, durch Tracking heimlich Suchgeschichten und andere Bewegungen im Netz aufzuzeichnen. Erst die Technologie zum Aushöhlen oder Eindringen in die Privatsphäre, dann die, um sich dagegen zu wehren. Das ist das allgemeine Muster, das gern als quasi-natürliche Eigengesetzlichkeit der Technik verkauft wird. VPNs (*virtual private networks*) wurden entwickelt, um anonym surfen zu können, asymmetrische Kryptosysteme, um sicher online einkaufen, Bankgeschäfte machen und Informationen austauschen zu können. Für diese und viele andere Technologien wie Anonymisierungsalgorithmen, die dem Schutz der Privatsphäre dienlich sein können, muss man bezahlen. Das bedeutet, dass technischer Fortschritt hier dazu beiträgt, die soziale Ungleichheit zu vergrößern, und zwar nicht nur insofern, als

dass Big Tech-Unternehmen reicher werden, als Firmen es jemals im Vergleich zum Rest der Bevölkerung waren. Privatheit wird durch die Dynamik des Datenhandels zu einem Luxusartikel, den sich manche leisten können und andere nicht. Selbstbestimmung hat ihren Preis und der wird heute von denen bestimmt, die das Internet beherrschen. Verstanden als weitreichende Kontrolle über die Regeln der Kommunikation ist Selbstbestimmung in den sozialen Medien nicht vorgesehen. Stattdessen unterwerfen wir uns bei der Registrierung auf den Plattformen deren Regeln, die den Betreibern meist weitreichende Rechte einräumen, um von uns hinterlassene Daten zu speichern und für personalisierter Werbung zu nutzen.

(6) Die Idee des für alle freien Zugangs zu Information ist ebenso realitätsfern, denn während wir von Datenschutz und informationeller Selbstbestimmung reden, werden unsere Daten von den Betreibern von Suchmaschinen, die unsere Bewegungen im Internet verfolgen, an KI-Firmen verkauft, die sie benutzen, um Algorithmen zu trainieren. Dagegen zu klagen, können sich nur wenige leisten. So hat z. B. die New York Times 2023 Microsoft und OpenAI wegen Copyright-Verletzung verklagt, weil die ihre Texte verwendet haben, um KI-Technologien zu trainieren.[5] Die Finanzkraft und den langen Atem für solche Prozesse haben nicht viele, was ein weiterer Aspekt der zunehmenden Ungleichheit ist.

(7) Die Kommunikationstechnik für den Verkehr im Internet wird immer leistungsfähiger, aber damit auch für immer mehr Menschen intransparenter. Insbesondere in den sogenannten „persönlichen Öffentlichkeiten" (*personal publics*) der sozialen Medien verwischen sich die Grenzen zwischen privater und Massenkommunikation, während immer mehr Information frei zugänglich wird. Die komplexen Informationswege über Kontexte, Zielgruppen und Zeiten hinweg bedeuten für Nutzer und Nutzerinnen, dass es immer komplizierter wird, ihre Privatsphäre zu kontrollieren und zu wissen und

---

[5] Michael M. Grynbaum und Ryan Mac, *The Times Sues OpenAI and Microsoft Over A.I. Use of Copyrighted Work*, https://www.nytimes.com/2023/12/27/business/media/new-york-times-open-ai-microsoft-lawsuit.html.

zu entscheiden, welche persönlichen Informationen sie wem wann mitteilen oder mitgeteilt haben. Dadurch entsteht ein Informationsparadox. Einerseits haben sie Zugang zu einem Raum, der die Möglichkeit bietet, zu entscheiden, welche privaten Inhalte sie mit wem teilen wollen, und andererseits sind sie sich der tatsächlichen Informationsströme immer weniger bewusst. Die Geschäftsbedingungen der sozialen Medien bieten den Nutzerinnen mit den Privatsphäreneinstellungen ein gewisses Maß an Kontrolle über den Informationsfluss, die auszuüben aber zeitaufwendig und mühsam ist. Als Folge davon geben viele Nutzer/innen sehr viel mehr Information über sich preis, als eigentlich in ihrem Sinne ist. Einer der Gründe dafür ist noch eine weitere Seite zunehmender Ungleichheit, nämlich die der Kenntnisse der technischen Grundlagen des Datenflusses. Mehr denn je erfordert der Schutz der Privatsphäre heute nicht nur Geschick im Umgang mit der Technik, sondern technische Kenntnisse, Schulung und Einsicht, was stärkere Abhängigkeit von Experten bedeutet und eine große Aufgabe für die Schulen ist.

(8) Die Vernetzung und der schnelle Ausbau der Infrastruktur des Informationsaustauschs hat Anpassungen bezüglich der Weitergabe persönlicher Informationen, wie z. B. Fotos und Videos, erzwungen und dazu geführt, dass Normen und Konventionen des Umgangs – das tut man nicht – zum Teil durch gesetzliche Regelungen – das ist strafbar – ersetzt oder ergänzt wurden bzw. werden müssen. Während sich gesellschaftlicher Wandel in früheren Epochen meistens langsam genug für graduelle Anpassungen von Verhaltensmustern vollzog, sind mit der Digitalisierung sehr plötzlich neue Handlungsräume entstanden, für die es keine konventionellen Verhaltensregeln gab und die von manchen überdies als rechtsfreie Zone angesehen wurden, was auch die Grenzziehung zwischen öffentlich und privat berührte. In vielen Ländern ergab sich daraus bezüglich des Schutzes von Informationsprivatheit eine Verschiebung von sozialen Normen zu gesetzlichen Bestimmungen. Das Spannungsverhältnis von moralischer Übereinkunft und Gesetz bleibt bestehen.

(9) Die Digitalisierung hat die Politisierung des Privaten bewirkt, zumindest vorangetrieben. Sehr prägnant zeigt sich das am Verhältnis zur Sexualität und der feministischen Kritik der Privatsphäre als Versteckplatz sexueller Gewalt. Alles Sexuelle war in der bürgerlichen Gesellschaft Privatangelegenheit.[6] Die Enttabuisierung der Sexualität setzte schon mit der Forderung nach „freier Liebe" in den 1970er-Jahren ein. In den späten 2010er-Jahren hat sich die # Me too-Bewegung dann digitaler Kommunikationsmittel bedient, um den Schutzzaun der Privatsphäre um alles Sexuelle einzureißen und dadurch sexuelle Belästigung am Arbeitsplatz, den Kampf gegen die männliche Verfügungsgewalt über Frauen und viele Facetten sexuellen Verhaltens zum Gegenstand öffentlicher Diskussion gemacht. Das hatte Folgen für Verordnungen, Gesetze, Rechte und Pflichten von Ehepartnern, die Ehe als Institution und auch geschlechtergerechte Sprache. Der moralische Individualismus der Privatsphäre musste im Zuge des Kampfes um mehr Geschlechtergleichheit dem Primat der stärker gesetzesgestützten öffentlichen Moral weichen, die die Gleichheit aller Individuen schon lange beinhaltete. Die Politisierung des Privaten war so gesehen ein Teil der fortschreitenden Demokratisierung.

(10) Der digitale Wandel bringt jedoch auch Herausforderungen für die Demokratie mit sich (Wylie 2021). Soziale Medien und andere Internetquellen ermöglichen neue Formen der politischen Beteiligung, bergen aber auch große Risiken, wie Datenschutzbehörden inzwischen erkannt haben. 2018 setzte die Bundesregierung deshalb eine Datenethikkommission ein, die Grundsätze für die gesetzliche Regulierung der fortschreitenden Digitalisierung, insbesondere Maßnahmen für den Schutz der informationellen Selbstbestimmung erarbeiten soll. Personalisierungsverfahren für Microtargeting sind extrem feinkörnig geworden und nicht mehr auf Produktwerbung für Online-Einkäufe beschränkt. Sie werden mit dem Ziel der Beeinflussung auch in Wahlkämpfen zunehmend eingesetzt, was insbesondere im Hinblick auf die zu-

---

[6] § 183a StGB zeugt davon noch heute. Danach sind öffentliche sexuelle Handlungen strafbare öffentliche Ärgernisse.

nehmende Verbreitung von Filterblasen (s. Kap. 6, Abschn. „Wandelbare Privatheit") und die damit einhergehende Abschirmung gegen Meinungsvielfalt besorgniserregend ist (Kelber und Leopold 2022, S. 153). Ob rechtliche Normen zur Reglementierung der Technologie die Privatsphäre im digitalen Zeitalter schützen können, bleibt einstweilen umstritten. Denjenigen, die glauben, dass es möglich ist, die Gefahren der digitalen Instrumente dadurch beherrschbar zu machen, stehen diejenigen gegenüber, die die Selbstverantwortung des Individuums betonen, die durch Technikregulierung nicht ersetzt werden könne. In jedem Fall aber steht das Thema Privatsphäre und informationelle Selbstbestimmung auf der Tagesordnung und wird es bleiben, da die soziotechnischen Neuerungen seit den 1990er-Jahren nur die Vorboten dessen sind, was noch bevorsteht.

Verhandlungssache Privatheit

Was können wir aus diesen Beobachtungen ableiten? Deutlich ist, dass sich ein Kulturwandel des Privaten vollzieht, dessen Ergebnis noch nicht abzusehen ist. Welche politischen Rahmenbedingungen zum Schutz der Privatsphäre gibt es heute und welche wird es geben? Das „heute" in der Frage impliziert, was hier immer wieder betont wurde: Die Geschichten, die heute über privat kursieren, sind andere als die von gestern, und morgen werden es wieder andere sein. Wie ist die Privatsphäre abzugrenzen? Wie ist sie zu schützen, wenn das erstrebenswert ist? Gegen wen muss sie verteidigt werden? Antworten auf diese Fragen sind historisch kontingent. Die kommunikativen Praktiken, die sich in der mediatisierten Gesellschaft herausgebildet haben und weiter formieren, sind die treibende Kraft hinter der begrifflichen Veränderung von „privat", die wir gegenwärtig beobachten. Heute kreisen Diskussionen über Privatheit hauptsächlich um digitalisierte Daten, wie sie gesammelt, wo und wie lange sie gespeichert werden, wie sie analysiert, wem sie zugänglich gemacht werden, ob und zu wessen Nutzen sie gehandelt werden dürfen.

Die Antworten auf diese Fragen stehen nirgends geschrieben; denn universelle Normen des Schutzes der Privatsphäre gibt es nicht. Sie sind

Verhandlungssache, vor Gerichten, in Parlamenten, zwischen Tarifparteien, Organisationen, Individuen. Dabei geht es um rechtliche Normen zum Schutz von Persönlichkeitsrechten auf nationaler, europäischer und vielleicht internationaler Ebene und um die Ausgestaltung der Datenökonomie. Wirtschaftliche Interessen, kulturelle Unterschiede und politische Systeme bilden die Koordinaten eines Spannungsfelds, in dem Individuen Entscheidungen bezüglich ihrer Privatsphäre fällen. Das sind keine definitiven Entscheidungen ein für alle Mal, sie müssen immer wieder überprüft und ausgehandelt werden, in Abwägungen zwischen politischen Ordnungsprinzipien und wirtschaftlichen Interessen; Gerichtsverhandlungen zwischen Aufsichtsbehörden und Unternehmen der Datenwirtschaft; zwischen Privatpersonen und sozialen Medien; zwischen Internetnutzer/innen und Suchmaschinen über die Verwendung ihrer Datenspuren im Netz und über die Tilgung derselben, um vergessen werden zu können; zwischen Sicherheit insbesondere von Kindern und Opportunitätskosten von Online-Serviceanbietern; zwischen Organisatoren und Teilnehmern von Online-Konferenzen, die nicht auf das Hier und Jetzt beschränkt sind; zwischen Arbeitgebern und Arbeitnehmern über Überwachungstechnologien am Arbeitsplatz;[7] zwischen Kunden und Herstellern vernetzter Haushaltsgeräte, TV-Sprachfernbedienung und viele andere Verhandlungssachen mehr.

Privatheit ist somit heutzutage weniger als je eine Gegebenheit als ein Prozess, eine Menge von Geschichten, die ständig ausgehandelt und immer wieder anders erzählt werden. Da an diesen Geschichten explizit oder implizit Staat, Wirtschaft, Technik und Individuen beteiligt sind, ist unser Einfluss sowohl auf *unsere* persönliche Privatheit als auch auf *die* Privatheit als gesellschaftliche Übereinkunft begrenzt. Wie soll die immer dichter werdende Überwachung durch Ortsbestimmungen, IP-Adressen in Smartphones und PCs, Kameras auf öffentlichen Plätzen, Bahnsteigen, etc. mit gesellschaftlichen Konventionen von Privatheit, dem Bedürfnis nach Zurückgezogenheit vereinbart werden? Um daran mitzuwirken, dass sich die Geschichte „Privat" nicht schon bald in reine Fiktion oder sentimentale Erinnerung auflöst, müssen wir mit den Instrumenten, die

---

[7] Im Januar 2024 wurde Amazon in Frankreich ein Bußgeld von € 32 M wegen exzessiver Überwachung und Verletzung der Privatsphäre von Mitarbeitern auferlegt.

uns die Digitalisierung zugänglich macht, achtsam und bewusst umgehen. Die heute unverzichtbare öffentliche Sichtbarkeit mit Selbstentfaltung im privaten Raum zu vereinbaren, ist eine Herausforderung, der wir uns alle stellen müssen, um eine plausible Geschichte über Privatheit zu erzählen.

Diese Verbindung ist nicht privat.

Literatur

Adams, Andrew A., Kiyoshi Murata, Yohko Orito. 2009. The Japanese sense of information privacy. *AI & Society* 24:327–341. https://doi.org/10.1007/s00146-009-0228-z

Ammann, Thomas. 2020. *Die Machtprobe. Wie soziale Medien unsere Demokratie verändern.* Hamburg: Edition Kröber.

Anderson, Benedict. 1983. *Imagined Communities. Reflections on the origin and spread of nationalism.* London: Verso.

Arbel, Y., R. Bar-El, E. Siniver und Y. Tobol. 2014. Roll a die and tell a lie – what affects honesty. *Journal of Economic Behavior and Organization* 107, 153–172.

Arudpragasam, Anuk. 2021. *A Passage North.* London: Granta.

Arvidsson, Adam. 2003. On the 'pre-history of the panoptic sort': mobility in market research. *Surveillance and Society* 1: 456–474. https://ojs.library.queensu.ca/index.php/surveillance-and-society/article/view/3331

Assman, David und Philipp Ehrl. 2021. Individualistic culture and entrepreneurial opportunities. *Journal of Economic Behavior and Organization* 188, 1248–1268.

Atleo, Clifford und Jonathan Boron. 2022. Land is life: Indigenous relationships to territory and navigating settler colonial property regimes in Canada. *Land* 11, https://doi.org/10.3390/land11050609

Auerbach, B., M. Shnayien, E. Kiltz *et al.* 2019. Zwei Betrachtungen von Sicherheit und Privatheit nach Snowden. *Datenschutz und Datensicherheit* 43, 706–712. https://doi.org/10.1007/s11623-019-1193-4

Austin, Lisa M. 2012. *Privacy, Shame and the Anxieties of Identity*. TSpace Research Repository, University of Toronto. https://doi.org/10.2139/ssrn.2061748

Barcan, Ruth. 2004. *Nudity. A cultural anatomy*. London: Bloomsbury Academic. https://doi.org/10.5040/9781474214391.0005

Bauer, Nikolaus, Jan Gogoll, Nina Zuber. 2021. Gesichtserkennung. *Bayerisches Forschungsinstitut für Digitale Transformation*. https://www.bidt.digital/wp-content/uploads/sites/2/2022/08/bidt_Analysen-Studien_Gesichtserkennung.pdf

Bauman, Zygmunt. 2008. *Does Ethics Have a Chance in a World of Consumers?* Cambridge, MA: Harvard University Press.

Bauman, Zygmunt. 2010. Privacy, secrecy, intimacy, human bonds, utopia – and other collateral casualties of Liquid Modernity. In: H. Blatterer, P. Johnson, M.R. Markus (eds) *Modern Privacy*. London: Palgrave Macmillan, 7–22. https://doi.org/10.1057/9780230290679_2

BBC. 2023. Principal resigns after Florida students shown Michelangelo statue 25. März. https://www.bbc.com/news/world-us-canada-65071989

Beckert, Sven. 2015. *Empire of Cotton. A global history*. New York: Vintage Books.

Bélanger, France und Robert E. Crossler. 2011. Privacy in the Digital Age: A Review of Information Privacy Research in Information Systems. *MIS Quarterly* 35: 1017–1041.

Benedict, Ruth. 1948. *The Chrysanthemum and the Sword*. Boston, Mass.: Houghton Mifflin.

Berlin, Isaiah. 1958. Two concepts of liberty. In: Isaiah Berlin. 1969. *Liberty. Edited by Henry Hardy*. Oxford: Oxford University Press, 166–217.

Boling, Patricia. 1996. *Privacy and the Politics of Intimate Life*. Ithaca: Cornell University Press.

Boltjes, Simeon. 2023. DSGVO-Bußgelder aus Deutschland und Europa. *Bußgeld-Radar*. https://www.datenschutzkanzlei.de/bussgeld-radar/

BPB (Bundeszentrale für Politische Bildung) 2016. Vor 60 Jahren: Gründung des BND. https://www.bpb.de/kurz-knapp/hintergrund-aktuell/223686/vor-60-jahren-gruendung-des-bnd/

Bude, Heinz. 2017. Soziologie der Freundschaft. *Berliner Journal für Soziologie* 27, 547–557. https://doi.org/10.1007/s11609-017-0344-4

Buller, Adrienne und Mathew Lawrence. 2022. The heart of the problem is private ownership. Tribune 22.8. https://tribunemag.co.uk/2022/08/owning-the-future-public-ownership-private-property

Bundesbeauftragte für Datenschutz und Informationsfreiheit. 2022. Zensus – Das Volk wird gezählt. https://www.bfdi.bund.de/DE/Buerger/Inhalte/Inneres-Archive/Meldewesen/Zensus.html

Burkart, Günter. 2002. Stufen der Privatheit und die diskursive Ordnung der Familie. *Soziale Welt* 53: 397–413. https://www.jstor.org/stable/40879513

BVerfG. 1983. Bundesverfassungsgericht. 15. Dez. 1983. Urteil des Ersten Senats vom 15. Dezember 1983 – 1 BvR 209/83 – („Volkszählungsurteil"). BVerfGE 65, 1–71.

BVerfG. 2010. Pressemitteilung 02.03.2010. https://www.bundesverfassungsgericht.de/SharedDocs/Pressemitteilungen/DE/2010/bvg10-011.html

Byrne, Edmund F. 2012. Appropriating resources: Land claims, law, and illicit business. *Journal of Business Ethics* 106, 453–466. https://www.jstor.org/stable/41426706

Chakrabarty, Dipesh. 2010. *Europa als Provinz. Perspektiven postkolonialer Geschichtsschreibung.* Frankfurt a. M.: Campus.

Chancel, Lucas and Thomas Piketty. 2021. Global income inequality, 1820–2020: the persistence and mutation of extreme inequality. *Journal of the European Economic Association* 19: 3025–3062.

Chen, Mo, Severin Engelmann, Jens Grossklags. 2023. Social credit system and privacy. In: S. Trepte & P.K. Masur, P. K. (Hrg.). *The Routledge handbook of privacy and social media.* Routledge, 227–236.

Cheng, Anlin. 2011. *Second Skin: Josephine Baker and the Modern Surface.* Oxford: Oxford University Press.

Christophers, Brett. 2023. *Our Lives in Their Portfolios.* London: Verso.

Cockcroft, Sophie und Saphira Rekker. 2016. The relationship between culture and information privacy. Electronic Markets 26: 55–72. https://doi.org/10.1007/s12525-015-0195-9

Conference Report. 1988. Family, Community, and State in East Asia. *Bulletin of the American Academy of Arts and Sciences*, 41: 5–11. https://www.jstor.org/stable/3822737

Couldry, Nick und Ulises A. Mejias. 2019. *The Cost of Connection. How data is colonizing human life and appropriating it for capitalism.* Palo Alto: Stanford University Press.

Coulmas, Florian. 2019. *Das Zeitalter der Identität. Zur Kritik eines Schlüsselbegriffs unserer Zeit.* Heidelberg: Winter Universitätsverlag.

Coulmas, Florian. 2020. *Ich, wir und die anderen.* Zürich: Orell Füssli Verlag.

Coulmas, Florian. 2022. Writing regime change: a research agenda. *Sociolinguistica* 36, 1,2: 9–22 https://doi.org/10.1515/soci-2022-0006

Coulmas, Florian. 2023. *Japanese Propriety, Past and Present. Disciplined liberalism*. London, New York: Routledge.
Cramme, Olaf und Patrick Diamond (Hrg.). 2009. *Social Justice in the Global Age*. Cambridge: Polity.
Crouch, Colin. 2020. Postdemokratie. Wie Ungleichheit und Armut die Demokratie gefährden. In: Die Armutskonferenz et al. (Hrg.): *Stimmen gegen Armut*. BoD-Verlag, S. 71–81. www.armutskonferenz.at/files/crouch_postdemokratie_2020.pdf
Crouch, Colin. 2021. *Postdemokratie revisited*. Berlin: Suhrkamp.
Davary, Bahar. 2009. Miss Elsa and the Veil: Honour, shame, and identity negotiations. *Journal of Feminist Studies in Religion* 25: 47–66.
De Charon, Sjarrel 2019. *De Achterkant van Facebook. 8 maanden in de hel*. Amsterdam: Prometheus.
Deep, Aroon. 2017. How Indian kids raised without personal space became adults who don't care about privacy. *BuzzFeed.News*, 2. August. https://www.buzzfeed.com/aroondeep/how-indian-kids-raised-without-personal-space-became-adults
Deibert, Ronald J. 2020. *Reset. Reclaiming the Internet for Civil Society*. Tewkesbury: September Publishing.
de Sola Pool, Ithiel. 1983. *Technologies of Freedom*. Cambridge, MA: Harvard University Press.
Dimitrov, Ivan. 2021. Invasive apps. *pCloud*, 5. März. https://www.pcloud.com/invasive-apps
do Mar Castro Varela, María und Nikita Dhawan 2015. *Postkoloniale Theorie. Eine kritische Einführung*. Bielefeld: Transkript Verlag.
Doi, Takeo. *1985. The Anatomy of Self*. Tokyo: Kodansha International.
Dowd, Rebekah. 2022. *The Birth of Digital Human Rights. Digitized data governance as a human rights issue in the EU*. Cham: Palgrave Macmillan.
Drahos, Peter. 1995. Information feudalism in the formation of society. *Information Society* 11: 209–222.
Drinhausen, Katja. 2023. Right to privacy. *Decoding China*. https://decoding-china.eu/right-to-privacy/
Duerr, Hans Peter. 1988. *Der Mythos vom Zivilisationsprozess. 1. Nacktheit und Scham*. Frankfurt a. M.: Suhrkamp.
Durkheim, Émile. 1898. L'individualisme et les intellectuels. *Digitale Ausgabe in: Revue bleue, 4e série, t. X, 1898, pp. 7–13. http://classiques.uqac.ca/classiques/Durkheim_emile/sc_soc_et_action/texte_3_10/individualisme.pdf*

Elias, Norbert. 1939. *Über den Prozeß der Zivilisation. Soziogenetische und psychogenetische Untersuchungen.* Band 1, 2. Basel: Verlag Haus zum Falken.
Elias, Norbert. 1992. *Time: An Essay.* Oxford: Basil Blackwell.
Enzensberger, Hans Magnus. 2013. Vom Terror der Reklame. *Der Spiegel* 32, 102–103 https://www.spiegel.de/kultur/vom-terror-der-reklame-a-c2d62b75-0002-0001-0000-000105648288.
Etzioni, Amitai. 1999. *The Limits of Privacy.* New York: Basic Books.
European Commission. 2022. A Digital Decade for children and youth: the new European strategy for a better internet for kids (BIK+). https://eur-lex.europa.eu/legal-content/EN/TXT/?uri=COM:2022:212:FIN
Evcan, Nusret Sinan. 2019. Hobbesian Instinctual Reason versus Rousseau's Instinctual Innocence: Backstage logic of colonial expansions and origin of the left–right political dichotomy, Interventions *International Journal of Postcolonial Studies* 21:7, 977–997. https://doi.org/10.1080/1369801X.2019.1585910
Fairfield, Joshua A.T. 2021. *Runaway Technology.* Cambridge: Cambridge University Press.
Flanders, Judith. 2014. *The Making of Home. The 500-year story of how our houses became our homes.* New York: Thomas Dunne Books.
Fleming, P., A.P. Bayliss, S.G. Edwards, C.R. Seger. 2021. The role of personal data value, culture and self-construal in online privacy behaviour. *PLoS ONE* 16(7): e0253568. https://doi.org/10.1371/journal.pone.0253568
Foucault, Michel. 1975. *Surveiller et punir.* Paris: Gallimard.
foodwatch. https://www.foodwatch.org/de/ueber-uns
Garon, Sheldon. 2010. State and family in modern Japan: a historical perspective. *Economy and Society* 39: 317–336. https://doi.org/10.1080/03085147.2010.486214
Geaney, Jane. 2004. Guarding moral boundaries: Shame in early Confucianism. *Philosophy East and West* 5: 113–142. https://www.jstor.org/stable/1400234
Geuss, Raymond. 2001. *Public Goods, Private Goods.* Princeton University Press. Deutsche Übersetzung von Karin Wördemann: Privatheit. Eine Genealogie. Frankfurt a. M.: Suhrkamp, 2013.
Ghaiumy Anaraky, Reza, Yao Li, Bart Knijneburg. 2021. Difficulties of Measuring Culture in Privacy Studies. *Proceedings of the ACM on Human-Computer Interaction*, Volume 5, Issue CSCW2Article No.: 378pp 1–26. https://doi.org/10.1145/3479522
Ghosh, Amitav. 2022. *The Nutmeg's Curse. Parables for a planet in crisis.* London: John Murray.

Girard, François. 1993. The Sound of Genius. Episode 5, "Gould meets Gould".
Varga, Darrell. "Locating the artist in 'Thirty-two short films about Glenn Gould.'" *Revue Canadienne d'Études Cinématographiques / Canadian Journal of Film Studies*, vol. 12, no. 2, 2003, pp. 99–120. JSTOR, http://www.jstor.org/stable/24408028.
Goffman, Erving. 1956. *The Presentation of Self in Everyday Life*. Edinburgh: Edinburgh University Press.
Greenwald, Glenn. 2015. *No Place to Hide. Edward Snowden, the NSA and the surveillance state*. Penguin Books.
Greer, Allan. 2012. Commons and Enclosure in the Colonization of North America. *The American Historical Review* 117,2: 365–386.
Grotius, Hugo. 1950 [1625]. *De Jure Belli ac Pacis libri tres*. [Drei Bücher vom Recht des Krieges und des Friedens] hrg. von Walter Schätzel. Tübingen: Mohr.
Habermas, Jürgen. 1990 [1962]. *Strukturwandel der Öffentlichkeit. Untersuchungen zu einer Kategorie der bürgerlichen Gesellschaft*. Frankfurt a. M.: Suhrkamp.
Habermas, Jürgen. 2022. *Ein neuer Strukturwandel der Öffentlichkeit und die deliberative Politik*. Berlin: Suhrkamp.
Hansen, Peo und Stefan Jonsson. 2014. *Eurafrica. The Untold History of European Integration and Colonialism*. London: Bloomsbury.
Haufe Online Redaktion. 2023. DSGV-Busgeldsumme stieg im Jahr 2022 auf 1,6 Milliarden EUR. https://www.haufe.de/compliance/recht-politik/eu-weit-wurden-2020-dsgvo-bussgelder-fuer-160-millionen-verhaengt_230132_536480.html
Hobbes, Thomas. 1929 [1651]. *Leviathan or The Matter, Forme and Power of a Commonwealth Ecclesiasticall and Civil*. Oxford: Clarendon Press.
Honneth, Axel, Kai-Olaf Maiwald, Sarah Speck, Felix Trautmann (Hrg.) 2022. *Normative Paradoxien: Verkehrungen des gesellschaftlichen Fortschritts*. Frankfurt am Main: Campus.
Howley, Kevin. 2005. *Community Media. People, places, and communication technologies*. Cambridge: Cambridge University Press.
Ike, Kevin G.O., Sietse F. de Boer, Bauke Buwalda, Martien J.H. Kas. 2020. Social withdrawal: An initially adaptive behavior that becomes maladaptive when expressed excessively. *Neuroscience and Biobehavioral Reviews* 116, 251–267. https://doi.org/10.1016/j.neubiorev.2020.06.030
Inoue, Kyoko. 2001. *Individual Dignity in Modern Japanese Thought*. Ann Arbor, MI, Center for Japanese Studies, University of Michigan.
Irion, K., M. Burri, A. Kolk, S. Milan 2021. Governing "European values" inside data flows: interdisciplinary perspectives. *Internet Policy Review*, 10(3). https://doi.org/10.14763/2021.3.1582

James, David. 2021. Hobbes' argument for the practical necessity of colonization. Oxford Academic. https://doi.org/10.1093/oso/9780198847885.003.0002 pp. 16–41.
Jansen, Jan. C. und Jürgen Osterhammel. 2013. *Dekolonisation. Das Ende der Imperien*. München: C.H. Beck.
Johnson, Bobbie. 2010. Privacy no longer a social norm, says Facebook founder. *The Guardian*, 11. Januar. https://amp.theguardian.com/technology/2010/jan/11/facebook-privacy
Kaelin, Rainer M. 2019. „Juul" und die Lüge der Stiftung „For a smoke free World". *Infosperber* 10. Mai. https://www.infosperber.ch/politik/schweiz/juul-und-die-luege-der-stiftung-for-a-smoke-free-world/
Kaleck, Wolfgang und Karina Theurer. 2018. Das Recht der Mächtigen. Die kolonialen Wurzeln des Völkerrechts. *Blätter für deutsche und internationale Politik*. August. https://www.blaetter.de/ausgabe/2018/august/das-recht-der-maechtigen
Kasabova, Anita. 2017. From shame to shaming: towards an analysis of shame narratives. *Open Cultural Studies* 1: 99–112.
Keen, Andrew. 2015. *The Internet is not the Answer*. London: Atlantic Books.
Kelber, Ulrich und Nils Leopold. 2022. Personalisierung durch Profiling, Scoring, Microtargeting und mögliche Folgen für Demokratie – Funktionsweisen und Risiken aus datenschutzrechtlicher Sicht. Nomos e-library. https://www.nomos-elibrary.de/10.5771/9783748932741-149.pdf
Kingreen, Thorsten. 2020. Burkiniverbot für gemeindliche Schwimmbäder. *JURA – Juristische Ausbildung* 42: 637–637. https://doi.org/10.1515/jura-2020-2464
Knijnenburg, B.P., X. Page, P. Wisniewski, H.R. Lipford, N. Proferes, J. Romano (Hrg.) 2022. *Modern Socio-Technical Perspectives on Privacy*. Springer, Cham. https://doi.org/10.1007/978-3-030-82786-1
Lahmann, Henning, Philipp Otto, Valie Djordjevic, Jana Maire. 2016. Wer regiert das Internet? Akteure und Handlungsfelder. Friedrich-Ebert-Stiftung, Politische Akademie. https://library.fes.de/pdf-files/akademie/12736.pdf
Latour, Bruno. 2005. *Reassembling the Social: An Introduction to Actor-Network-Theory*. Oxford: Oxford University Press.
Lever, Annabelle. 2000. Must Privacy and Sexual Equality Conflict? A Philosophical Examination of Some Legal Evidence. *Social Research: An International Quarterly of the Social Sciences* 67.4.
Lever, Annabelle. 2006. Privacy rights and democracy. *Contemporary Political Theory* 5, 142–162.
Lévi-Strauss, Claude. 2017 [1949]. *Les Structures élémentaires de la parenté*. Paris: EHESS. https://journals.openedition.org/lectures/23470?lang=es

Lévi-Strauss, Claude. 1983. *La famille. Le regard éloigné*. Paris: Plon.
Li, Yao. 2022. Cross-cultural privacy differences. In: B. P. Knijnenburg, X. Page, P. Wisniewski, H.R. Lipford, N. Proferes, J. Romano (Hrg.) *Modern Socio-Technical Perspectives on Privacy*, 267–292. Springer, Cham. https://doi.org/10.1007/978-3-030-82786-1_12
Liessemann, Konrad Paul. 2012. *Lob der Grenze. Kritik der politischen Unterscheidungskraft*. Wien: Paul Zsolnay Verlag.
Linck, Gudula. 1988. *Frau und Familie in China*. München: C.H. Beck.
Linebaugh, Peter und Marcus Rediker. 2000. *The Many-Headed Hydra: Sailors, Slaves, Commoners, and the Hidden History of the Revolutionary Atlantic*. London: Verso.
Locke, John. 1823 [1690]. *Two Treaties on Government*. The Works of John Locke. A New Edition, Corrected. Vol. V. London: Thomas Tegg.
Ludwig, Gundula. 2017. Überlegungen zur heteronormativen Grammatik des Verhältnisses von Öffentlichkeit und Privatheit. In: *Grenzziehungen von „öffentlich" und „privat" im neuen Blick auf die Geschlechterverhältnisse*. Bulletin Nr. 43. Berlin: Zentrum für transdisziplinäre Geschlechterstudien, 72–94.
Luhmann, Niklas. 1980. *Gesellschaftsstruktur und Semantik – Studien zur Wissenssoziologie der modernen Gesellschaft*. Frankfurt a. M.: Suhrkamp.
Luo, Dora (Duoqun). 2023. *China – Data Protection Overview*. https://www.dataguidance.com/notes/china-data-protection-overview
Macaro, Antonia. 2018. *More than Happiness. Buddhist and Stoic wisdom for a sceptical age*. London: Icon Books.
Manifesto for the Future of Privacy. https://www.cst.uni-bonn.de/en/research/rethinking-privacy-files/230612-manifesto.pdf
Marx, Karl. 1844. Ökonomisch-philosophische Manuskripte. K. Marx u. F. Engels, Werke, Ergänzungsband, 1. Teil, S. 465–588. Marxists' Internet Archive. https://www.marxists.org/deutsch/archiv/marx-engels/1844/oek-phil/index.htm
Marx, Karl und Friedrich Engels. 1848. *Manifest der Kommunistischen Partei*. London: Bildungs-Gesellschaft für Arbeiter. https://www.marxists.org/deutsch/archiv/marx-engels/1848/manifest/2-prolkomm.htm
Mau, Steffen. 2017. *Das metrische Wir. Über die Quantifizierung des Sozialen*. Berlin: Suhrkamp.
Mayer-Schönberger, Viktor und Kenneth Cukier. 2013. *BIG DATA. A revolution that will transform how we live, work, and think*. London: John Murray
McCarthy, Niall. 2023. The biggest GDPR fines of 2022. EQS Group, 31.01. https://www.eqs.com/compliance-blog/biggest-gdpr-fines/

McLuhan, Marshall. 1964. *Understanding Media: The Extensions of Man.* New York: Signet Books.

Mill, John Stuart. 1848. *Principles of Political Economy.* 2 Bd. London: John W. Parker. https://www.econlib.org/library/Mill/mlP.html?chapter_num=18#book-reader

Morrison, Alan. 2023. "There is no privacy. Get over it." *Data Science Central*, 30. März. https://www.datasciencecentral.com/there-is-no-privacy-get-over-it/

Müller, Ursula. 2008. Privatheit als Ort geschlechtsbezogener Gewalt. In: Karin Jurczyk und Mechtild Oechsle (Hrg.), *Das Private neu denken. Erosionen, Ambivalenzen, Leistungen.* Münster: Westfälisches Dampfboot, 224–245.

Nakamura, Hajime. 1964. *Ways of Thinking of Eastern Peoples. India, China, Tibet, Japan.* Edited by Philip P. Wiener. Honolulu: University Press of Hawaii.

Nuss, Sabine. 2020. Privateigentum: Schein und Sein. Essay. *Aus Politik und Zeitgeschichte.* https://www.bpb.de/shop/zeitschriften/apuz/316448/privateigentum-schein-und-sein-essay/

Nussbaum, Martha. 2000. Is privacy bad for women? *Boston Review*, Februar. https://www.bostonreview.net/articles/martha-c-nussbaum-privacy-bad-women/

Ochiai, Emiko. 2000. Debates over the *Ie* and the stem family: Orientalism East and West. *Japan Review* 12: 105–127. http://www.jstor.org/stable/25791050

Ochs, Carsten. 2022. *Soziologie der Privatheit. Informationelle Teilhabebeschränkung vom Reputation Management bis zum Recht auf Unberechenbarkeit.* Weilerswist: Velbrück.

Orwell, George. 1983 [1948]. *Nineteen Eighty-Four.* London: Longman.

Perri 6. 1998. *The Future of Privacy. Vol. 1. Private life and public policy.* London: Demos. https://demos.co.uk/wp-content/uploads/files/thefutureofprivacyvolume2.pdf

Piketty, Thomas. 2013. *Le capital au xxie siècle.* Paris: Seuil.

Piketty, Thomas. 2020. *Kapital und Ideologie.* München: C.H. Beck.

Powell, A., G. Stratton, R. Cameron. 2018. *Digital Criminology. Crime and Justice in Digital Society.* New York und London: Routledge.

Proudhon, Pierre-Joseph. 2014 [1866]. *Theorie des Eigentums.* Marburg: Metropolis.

Pufendorf, Samuel von. 1994 [1673]. *Über die Pflicht des Menschen und des Bürgers nach dem Gesetz der Natur* [De officio hominis et civis iuxta legem naturalem] übersetzt und herausgegeben von Klaus Luig. Frankfurt/M.: Insel-Verlag.

Ramseyer, J. Mark & Eric B. Rasmusen. 2010. Comparative litigation rates. *Discussion Paper No. 681.* Harvard Law School. http://www.law.harvard.edu/programs/olin_center/papers/pdf/Ramseyer_681.pdf

Literatur

Ranganathan, Surabhi. 2019. Seasteads, land-grabs and international law. *Leiden Journal of International Law* 32, 2: 205–2014. https://papers.ssrn.com/sol3/papers.cfm?abstract_id=3427425

Rat der Europäischen Union. 2016. *Datenschutz-Grundverordnung* (2016/679). https://dsgvo-gesetz.de/

Raymo, J.M., H. Park, Y. Xie, W.J. Yeung. 2015. Marriage and Family in East Asia: Continuity and Change. *Annual Review of Sociology*, 41:471–492. https://doi.org/10.1146/annurev-soc-073014-112428

Reveron, Derek S. und John E. Savage. 2023. *Security in the Cyber Age. An Introduction to Policy and Technology.* Cambridge: Cambridge University Press.

Robinson, Cedric J. 1983. *Black Marxism.* Chapel Hill & London: University of North Carolina Press.

Rössler, Beate. 2001. *Der Wert des Privaten.* Frankfurt a. M.: Suhrkamp.

Rössler, Beate. 2022. Der Überwachung entgegenkommen. Paradoxien der Privatheit im Internet. In: A. Honneth, K.-O. Maiwald, S. Speck, F. Trautmann (Hrg.) 2022. *Normative Paradoxien: Verkehrungen des gesellschaftlichen Fortschritts.* Frankfurt am Main: Campus, 239–254.

Roßnagel, Alexander und Michael Friedewald (Hrg.) 2022. *Die Zukunft von Privatheit und Selbstbestimmung. Analysen und Empfehlungen zum Schutz der Grundrechte in der digitalen Welt.* Bundesministerium für Bildung und Forschung. https://doi.org/10.1007/978-3-658-35263-9

Rousseau, Jean-Jacques. 1789 [1654]. *Discours sur l'origine de l'inégalité parmi les hommes*, Teil 2. In: *Collection complète des oeuvres*, Bd. 1. Genf, https://www.rousseauonline.ch/pdf/rousseauonline-0002.pdf

Rush, John A. 2005. *Spiritual Tattoo: A cultural history of tattooing, piercing, branding, and implants.* Berkeley: Frog Books.

Russell, Bertrand. 1918. *Proposed Roads To Freedom. Socialism, Anarchism and Syndicalism.* Cornwall, NY: Cornwall Press.

Saunders, Peter. 1990. *A Nation of Home Owners.* London: Unwin Hyman.

Schaar, Peter. 2017. *Überwachung, Algorithmen und Selbstbestimmung.* Bundeszentrale für Politische Bildung. https://www.bpb.de/shop/buecher/schriftenreihe/medienkompetenz-schriftenreihe/257598/ueberwachung-algorithmen-und-selbstbestimmung/

Schneider, Werner. 2002. Von der familiensoziologischen Ordnung der Familie zu einer Soziologie des Privaten? *Soziale Welt* 53: 375–396.

Sen, Amartya. 1992. *Inequality Reexamined.* Cambridge, MA: Harvard University Press.

Simmel, Georg. 1993 [1901–1908]. Psychologie der Diskretion. *Gesamtausgabe Bd. 8, Aufsätze und Abhandlungen 1901–1908*. Frankfurt a. M.: Suhrkamp, 82–86.
Snowden, Edward. 2019. *Permanent Record*. London: Pan.
Solove, Daniel J. 2008. *Understanding Privacy*. Cambridge, MA: Harvard University Press.
Spacks, Patricia Meyer. 2003. *Privacy. Concealing the Eighteenth-Century Self.* Chicago: University Chicago Press.
Stark, Birgit, Melanie Magin, Pascal Jürgens. 2021. Maßlos überschätzt. Ein Überblick über theoretische Annahmen und empirische Befunde zu Filterblasen und Echokammern. In: M. Eisenegger, M. Prinzing, Marlis, R. Blum (Hrg.). *Digitaler Strukturwandel der Öffentlichkeit. Historische Verortung, Modelle und Konsequenzen*, 303–321. https://doi.org/10.1007/978-3-658-32133-8_17
Steel, Jon. 1998. *Truth, Lies and Advertising*. New York: John Wiley and Sons.
Steinhardt, H. Christoph. 2022. Dreading Big Brother or Dreading Big Profit? Privacy Concerns toward the State and Companies in China. *First Monday*, Jg. 27, Nr. 12. https://doi.org/10.5210/fm.v27i12.12679
Stiehler, Steve (Hrg.) 2019. *Zur Zukunft der Freundschaft*. Berlin: Frank & Timme.
Streeck, Wolfgang. 2021. *Zwischen Globalismus und Demokratie*. Frankfurt a. M.: Suhrkamp.
Sumption, Madeleine. 2023. Can investor residence and citizenship programmes be a policy success? In: Dimitry Kochenov und Kristin Surak (Hrg.) *Citizenship and Residence Sales. Rethinking the boundaries of belonging*. Cambridge: Cambridge University Press, 377–407.
Surfshark. 2022. Surveillance Cities: who has the most CCTV cameras in the world? https://surfshark.com/surveillance-cities
Tangney, June P. and Ronda L. Dearing. 2002. *Shame and Guilt*. New York: Guilford Press.
Thomson, Judith J. 1975. The right to privacy. *Philosophy and Public Affairs* 4, 295–314.
Tocqueville, Alexis de. 1954 [1893]. *Erinnerungen. Mit einer Einleitung von Carl J. Burckhardt*. Stuttgart: K.F. Koehler Verlag.
Trepte, Sabine und Leonard Reinecke. 2011. *Privacy Online. Perspectives on Privacy and Self-disclosure in the Social Web*. Springer Nature, ISBN: 978-3-642-21520-9
Trepte, Sabine und Philip Masur. 2016. Cultural differences in social media use, privacy, and self-disclosure: research report on a multicultural study. http://opus.uni-hohenheim.de/volltexte/2016/1218/

Trepte, Sabine und Philip Masur. 2023. Definitions of privacy. In: S. Trepte und Philip Masur (Hrg.) *The Routledge Handbook of Privacy and Social Media*. New York und London: Routledge, 3–15.

Triandis, Harry C. 1995. *Individualism and Collectivism*. New York: Routledge.

UN. 2014. United Nations General Assembly. Resolution adopted by the General Assembly on 18 December 2013, 68/167. *The right to privacy in the digital age*.

UN. 2018. *Personal Data Protection and Privacy Principles*. https://archives.un.org/sites/archives.un.org/files/_un-principles-on-personal-data-protection-privacy-hlcm-2018.pdf

UN. 2019. UN News. Autonomous weapons that kill must be banned, insists UN chief. 25. März. https://news.un.org/en/story/2019/03/1035381

UN. 2020–22. *Data Strategy of the Secretary-General for Action by Everyone, Everywhere*. https://www.un.org/en/content/datastrategy/images/pdf/UN_SG_Data-Strategy.pdf

van Ess, Hans. 2003. *Der Konfuzianismus*. München: C.H.Beck.

Varayilan, Preetha. 2016. Herausforderungen durch das asiatische Familienverständnis im indisch-hinduistischen Kulturkreis. In: K. Vellguth, K. Krämer (Hrg.) *Familie. Miteinander leben in Kirche und Welt*. Freiburg: Herder Verlag: 54–71.

von Bernsdorf, Jochen und Jakob Schuler. 2019. Wer spricht für die Kolonisierten? Eine völkerrechtliche Analyse der Passivlegitimation in Restitutionsverhandlungen. *Zeitschrift für ausländisches öffentliches Recht und Völkerrecht* 79: 553–577.

Wagner DeCew, J. 2015. The feminist critique of privacy–past arguments and new social understandings. In: B. Roessler & D. Mokrosinska (Hrg.) *Social Dimensions of Privacy*. Cambridge: Cambridge University Press, 85–103.

Wajcman, Judy. 2015. *Pressed for Time. The Acceleration of Life in Digital Capitalism*. Chicago und London: The University of Chicago Press.

Warren, Elizabeth. 2019. Here's how to break up Big Tech. https://medium.com/@teamwarren/heres-how-we-can-break-up-big-tech-9ad9e0da324c

Warren, Samuel D. and Louis Brandeis. 1890. The right to privacy. *Harvard Law Review* 4(5): 193–220.

Watanabe, Yozo. 1963. The family and the law: The individualistic premise and modern Japanese family law. In: Arthur Taylor von Mehren (Hrg.) *Law in Japan: The Legal Order in a Changing Society*. Cambridge, MA and London: Harvard University Press, 364–398.

Weber, Ines. 2008. *Ein Gesetz für Männer und Frauen: die frühmittelalterliche Ehe zwischen Religion, Gesellschaft und Kultur*. Ostfildern: Thorbecke Verlag. https://doi.org/10.11588/diglit.34905

Weber, Max. 1922. *Wirtschaft und Gesellschaft. Grundriß der Sozialökonomik*. Tübingen: Mohr.

Weber-Guskar, Eva. 2019. Ambivalente Anonymität. Demokratische Debatten im Online-Kommentar? In: H. Behrendt, W. Loh, T. Matzner, C. Misselhorn (Hrg.) *Privatsphäre 4.0. Eine Neuverortung des Privaten im Zeitalter der Digitalisierung*. Berlin: J.B. Metzler, 199–212.

Westin, Alan F. 1967. *Privacy and Freedom*. New York: Atheneum.

White, Steve. 2023. *CCTV Cameras by Countries & Cities (2023 Guide)*. https://upcomingsecurity.co.uk/security-guides/cctv-camera-guides/cctv-by-country/

Whitman, Christina B. 1985. Privacy in Confucian and Taoist Thought. *University of Michigan Law School Scholarship Repository*. https://repository.law.umich.edu/book_chapters/21

Whitman, James Q. 2004. The two Western cultures of privacy: dignity versus liberty. *The Yale Law Journal* 113: 1151–1221.

Wittgenstein, Ludwig. 1963. *Philosophische Untersuchungen*. Frankfurt a. M.: Suhrkamp.

Wong, Ying und Jeanne Tsai. 2007. Cultural models of shame and guilt. In: J. L. Tracy, R. W. Robins, J. P. Tangney (Hrg.) *The Self-conscious Emotions: Theory and Research*. New York: The Guilford Press, 209–223.

Wylie, Christopher. 2021. *Ferngesteuert. Wie die Demokratie durch Social Media untergraben wird*. Köln: Dumont.

Yamazaki, Masakazu. 1994. *Individualism and the Japanese. An alternative approach to cultural comparison*. Tokyo: Japan Echo Inc.

Young, Robert C. J. 2003. *Postcolonialism. A very short introduction*. Oxford: Oxford University Press.

Zeuske, Michael. 2016. Karl Marx, Sklaverei, Formationstheorie, ursprüngliche Akkumulation und Global South. In: Felix Wemheuer (Hrg.) *Marx und der Globale Süden*. Köln: PapyRossa Verlag, 96–144.

Zuboff, Shoshana. 2019. *The Age of Surveillance Capitalism*. London: Profile Books.

Stichwortverzeichnis

A

Adams, Andrew A. 50
Ammann, Thomas 75
Anderson, Benedict 4
Arbel, Y. 1
Arleo, Clifford 19
Arudpragasam, Anuk 47
Arvidsson, Adam 62
Assange, Julian 72
Assman, David 52
Auerbach, B. 76
Austin, Lisa M. 55

B

Barcan, Ruth 42
Bauer, Nikolaus 115
Bauman, Zygmunt 128, 132

Beckert, Sven 26
Bélanger, France 54
Benedict, Ruth 40
Bentham, Jeremy 67
Berlin, Isaiah 70, 131
Berners-Lee, Tim 69
Boling, Patricia 80
Boron, Jonathan 19
Braverman, Suella 62
Buddhismus 41, 43
Bude, Heinz 85
Buller, Adrienne 26
Byrne, Edmund 15

C

Cameron, R. 112, 140
Chakrabarty, Dipesh 20

Stichwortverzeichnis

Chancel, Lucas 63, 132
Chen, Mo 116
Christophers, Brett 26
Cockcroft, Sophie 53
Cohen, Jared 61
Copyright 29, 143
Couldry, Nick 74
Coulmas, Florian 88
Covid-19 76, 103
Cramme, Olaf 132
Crossler, Robert E. 54
Crouch, Colin 135
Cukier, Kenneth 61
Cyberkriminalität 64, 87, 111

D

d'Alambert, Jean Le Rond 13
Data Mining 62
Datenschutz 10, 53, 55, 72, 143
Datenschutz-Grundverordnung
  (DSGVO) 107, 108,
  113, 123–125
Davary, Bahar 35
Davies, Simon 81
De Charon, Sjarrel 65, 118
de Sola Pool, Ithiel 63, 65
Dearing, Ronda L. 40
Deep, Aroon 45
Deibert, Ronald 116
Demokratie 56, 96, 118, 123, 145
Dhawan, Nikita 20
diamond, Patrick 132
Diderot, Denis 13
Digitalisierung 5, 56, 69, 81, 83, 85,
  86, 88, 93, 104, 105, 110,
  123, 136–138, 141, 144, 148
Dimitrov, Ivan 76

do Mar Castro Varela, María 20
Doi, Takeo 55
Dowd, Rebeca 105
Drahos, Peter 61
Drinhausen, Katja 51, 116
Duerr, Hans Peter 37
Durkheim, Émile 27

E

Ehrl, Philipp 52
Eigentum 29
  geistiges 31
Elias, Norbert 129
Engelmann, Severin 116
Engels, Friedrich 24
Enzensberger, Magnus 76
Etzioni, Amitai 77
Evcan, Nusret Sinan 18

F

Fairfield, Joshua 107
Familie 44, 48
Filterblase 135, 146
Fingerabdruck 111, 142
Flanders, Judith 46
Fleming, P. 53
Foucault, Michel 67
Freiheit 6
Freund 83, 84
Friedewald, Michael 123

G

Garon, Sheldon 50
Geany, Jane 40
Geheimdienst 56, 65, 104, 125

Gemeingut 19, 56, 62, 64, 140
Gesellschaft für Freiheitsrechte 104, 105
Gesichtserkennung 114
Gesichtserkennung 142
Ghaiumy Anaraky, Reza 53
Ghosh, Amitav 20
Girard, Francois 39
Gleichheit 62, 80, 145
Globalisierung 38
Goffman, Erving 38
Gogoll, Jan 115
Gould, Glenn 39
Greenwald, Glenn 70
Greer, Allan 19
Grossklags, Jens 116
Grotius, Hugo 15

H

Habeas Corpus 22, 42
Habermas, Jürgen 4, 66
Hansen, Peo 20
Hass 118
Hass 137
Hinduismus 43
Hobbes, Thomas 16
Howley, Kevin 64

I

Identität 26, 43, 83, 96, 111, 112, 122
Individualismus 33, 41, 48, 52, 132, 145
Individuum 4, 10, 11, 13, 26, 30, 39, 48, 55, 57, 61, 69, 71, 77, 110, 114, 123–125, 129, 131, 134, 146

Influencer 70, 75, 76, 111, 132
Inoue, Kyoko 50
Intimsphäre 42, 81, 98
Irion, K. 116
Issei, Miyake 38

J

James, David 17
Jansen, Jan C. 20
Johnson, Bobbie 70
Jonsson, Stefan 20
Jürgens, Pascal 136

K

Kaleck, Wolfgang 20
Kapital 23, 27, 139
Keen, Andrew 72
Kelber, Ulrich 110, 120, 146
Keynes, John Maynard 106
Kipling, Rudyard 18
Knijneburg, Bart 53, 54
Kollektivismus 48, 52
Kolonialisierung 19, 20

L

Lahmann, Henning 120
Landbesitz 15, 26
Latour, Bruno 69
Lawrence, Mathew 26
Leopold, Nils 110, 146
Lever, Annabelle 80
Lévi-Strauss, Claude 44
Liessmann, Konrad Paul 17
Linck, Gudula 48
Lincoln, Sarah 105
Linebaugh, Peter 20–22

Locke, John 18
Ludwig, Gudula 80
Luhmann, Niklas 4, 12
Luo, Dora (Duogun) 118

M

Magin, Melanie 136
Manning, Chelsea 72
Marx, Karl 23
Masur, Philipp K. 55
Mau, Steffen 141
Mayer-Schönberger, Viktor 61
McLuhan, Marshall 84
Medien, soziale 66, 78, 84, 135, 136, 145
Meinungsfreiheit 65, 96, 117
Mejias, Ulises A. 74
Menschenrecht 96–98, 115
  digitales 120, 122
Menschenwürde 56
Mill, John stuart 27
Moderne 12, 13, 26, 29, 42, 48, 60, 128
Morrison, Alan 137
Müller, Ursula 80
Murata, Kiyoshi 50
Musk, Elon 117

N

Nacktheit 34
Nakamura, Hajime 43, 48
Nationalismus 13, 20
Netzwerk 47, 54, 55, 67, 85, 87, 94, 112, 114, 119, 137
noyb 105, 109
Nussbaum, Martha 45, 80

O

Ochiai, Emiko 49
Ochs, Carsten 60
Orito, Yoho 50
Orwell, Georg 96
Osterhammel, Jürgen 20

P

Paradox 73, 74, 76
Perri 6 1, 74
Piketty, Thomas 63, 139
Powell, A. 112, 140
Privacy International 81
Privacy Shield 120
Prostitution 75, 80
Proudhon, Pierre-Joseph 139
Pufendorf, Samuel 18

R

Ramseyer, J. Mark 40
Ranganathan, Surabhi 29
Rasmusen, Eric B. 40
Raymo, J. M. 49
Recht 6
Rediker, Marcus 20, 21
Reinecke, Leonard 73
Rekker, Saphira 53
Reklame (*siehe auch* Werbung) 75
Reverone, Derek S. 87
Robinson, Cedric J. 20
Roßnagel, Alexander 123
Rössler, Beate 73, 74
Rousseau, Jean-Jacques 21, 139
Rückzug, sozialer 136
Rush, John A. 38
Russell, Bertrand 139

S

Saunders, Peter 44
Savage, John E. 87
Schaar 121
Schakowsky, Jan 117
Scham 40, 41
Schmidt, Eric 61, 70
Schneider, Werner 45
Schnitzler, Arthur 35
Schuld 40, 57, 68
Schuler, Jakob 20
Selbstbestimmung 22, 55, 60, 69, 88, 96, 98, 100, 102, 105, 116, 121, 123, 125, 130, 141–143, 145
Selbstdarstellung 38, 44, 54, 86, 111, 114
Selfie 112, 114
Sen, amartya 132
Sexualität 82, 145
Sicherheit 17, 53, 64, 70, 72, 78, 87, 104, 110, 114, 117, 119, 124, 132, 139, 140, 147
Sichtbarkeit 86, 112, 148
Simmel, Georg 85, 94
Sklaverei 13, 17, 21, 22, 24, 27
Snowden 95
Snowden, Edward 72
Solmecke, Christian 66
Solove, Daniel J. 60, 63
Sozial-Kredit-System 118
Spacks, Patricia M. 14
Staatsbürgerschaft 29, 99, 103
Stark, Birgit 136
Steinhardt, Christoph 118
Stengg, Werner 121
Stiehler, Wolfgang 85
Stratton, G. 112, 140
Streeck, Wolfgang 63
Sumption, Madeleine 29

T

Tangney, June P. 40
Tätowierung 38, 42
Theurer, Karina 20
Tocqueville, Alexis de 25, 27
Tracking 110, 141, 142
Trepte, sabine 73
Triandis, Harry C. 52

U

Überwachung 98
Überwachungskamera 53, 71
Ungleichheit 14, 17, 21, 26–28, 49, 80, 132, 140, 142, 144

V

Verschleierung 36
Viren 69
Volkszählung 98, 101
von Bernsdorf, Jochen 20

W

Wajcman, Judy 128
Warren, Elisabeth 10
Watanabe, Yozo 49
Weber, Max 27
Weber-Guskar, Eva 135
Werbung 72, 106, 110, 141, 143
Westin, Alan 42
White, Steve 54
Whitman, C. B. 50, 52
Whitman, James Q. 37, 129

Wong, Ying 41
Wylie, Christopher 63, 145

Y

Yamazaki, Masakazu 49
Young, Robert C. J. 20

Z

Zensur 65, 67, 88, 135, 140
Zeuske, Michael 24
Zuber, Nina 115
Zuboff, Shoshana 10, 61
Zuckerberg, Marc 70

MIX
Papier aus verantwortungsvollen Quellen
Paper from responsible sources
FSC® C105338

If you have any concerns about our products,
you can contact us on
ProductSafety@springernature.com

In case Publisher is established outside the EU,
the EU authorized representative is:
**Springer Nature Customer Service Center GmbH
Europaplatz 3, 69115 Heidelberg, Germany**

Printed by Libri Plureos GmbH
in Hamburg, Germany